Diabetiker-Backbuch

Anne-Katrin Weber

Diabetiker Backbuch

Südwest

SCHNEEKOPPE
Diät-Sirup

Inhalt

Zum Einstimmen

Die gesunde Ernährung von Diabetikern muss sich nicht wesentlich von der unterscheiden, die auch ihren Familienmitgliedern und Freunden gut tut. Für die Familie extra zu kochen ist nicht nötig.

Gesunde Ernährung nimmt einen wichtigen Platz in der Diabetestherapie ein. Dabei gelten die Ernährungsempfehlungen für Diabetiker im Großen und Ganzen auch für jeden Menschen. Und in der Tat bietet diese Ernährung allen eine sehr hohe Lebensqualität.

Die Ernährung für Diabetiker sollte so zusammengesetzt sein, dass Komplikationen und Spätfolgen möglichst vermieden werden. Natürlich bedeutet das keinesfalls Verzicht auf wohlschmeckende Speisen. Auch süßes und pikantes Gebäck ist erlaubt, wobei es in erster Linie auf die Lebensmittelauswahl und die Zubereitung ankommt.

Mit den Rezepten in diesem Backbuch zeige ich Ihnen, dass unter Berücksichtigung der Ernährungsempfehlungen auch Diabetiker das essen und trinken können, was ihnen Spaß macht und gut schmeckt. Auch Gebäck hat in einer vollwertigen Diabetes-Ernährung seinen Platz. Backen Sie süßes und herzhaftes Gebäck am besten selbst, anstatt es fertig zu kaufen! Der unbeschreibliche Genuss eines frisch gebackenen Kuchens, köstlicher Plätzchen oder einer Scheibe knusprigen Brotes wird Sie für Ihren Zeitaufwand entschädigen. Und da sämtliche Rezepte auch für Nichtdiabetiker geeignet sind, können Sie bei Einladungen zum Nachmittagskaffee oder zum Brunch am Sonntag Ihren Gastgebern ein selbst gebackenes Geschenk mitbringen.

Bei allen Rezepten finden Sie genaue Nährwertangaben. Neben der BE-Anzahl sollten insbesondere übergewichtige Diabetiker außerdem auf die Fett- und Kalorien- bzw. Kilojoule-Angaben achten und sich die entsprechenden Rezepte aussuchen. Grundsätzlich gilt: Alles ist erlaubt, nur auf die Menge kommt es an!

Viel Spaß beim Ausprobieren und Genießen wünscht Ihnen

Anne-Katrin Weber

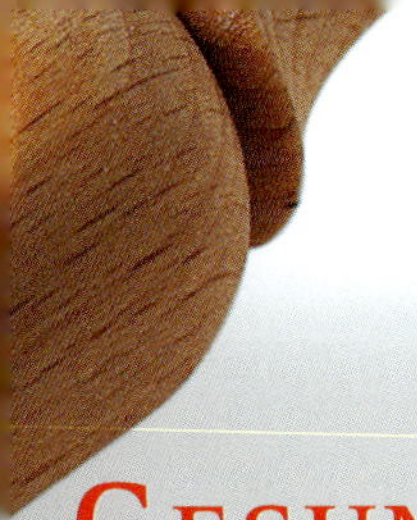

Gesunde Ernährung – unerlässlich für Diabetiker

Insulinstoffwechsel: Zwei Diabetes-Typen

Diabetes mellitus ist eine Erkrankung, die in erster Linie mit einer Störung des Glukosestoffwechsels einhergeht, aber auch mit anderen Stoffwechselstörungen. Die Ursache liegt entweder in einer verminderten oder fehlenden Insulinproduktion (Typ-1-Diabetes), oder das Insulin kann nicht bzw. nicht ausreichend im Organismus wirksam werden (Typ-2-Diabetes).
Die Folge des Insulin-Ungleichgewichts ist ein Anstieg der Glukosekonzentration im Blut. Wird der Blutzucker weder über die Ernährung noch über Medikamente optimal eingestellt, so müssen Sie mit Spätfolgen für verschiedene Organsysteme und mit Fettstoffwechselstörungen rechnen.
Während der Typ-1-Diabetes durch schädigende Einflüsse auf die Zellen der Bauchspeicheldrüse entsteht, beruht der Typ-2-Diabetes bei mehr als 80 Prozent der Betroffenen auf einem langjährigen Übergewicht, das als grundlegender Schritt bei der Diabetesbehandlung unbedingt beseitigt werden sollte.

Das Zusammenspiel mit der Ernährung

Mit den Speisen gelangen Kohlenhydrate in Ihren Körper, wo sie in Einfachzucker, u. a. Glukose umgewandelt werden. Dieser Zucker wird mit Hilfe von Insulin, das in der Bauchspeicheldrüse gebildet wird, den Zellen zugeführt. Die Bauchspeicheldrüse des Typ-1-Diabetikers ist dazu allerdings nicht mehr in der Lage; sie produziert zu wenig Insulin. Der Typ-1-Diabetiker muss sich deshalb das fehlende Insulin je nach Kohlenhydrataufnahme selbst spritzen. Die Bauchspeicheldrüse des Typ-2-Diabetikers dagegen kann zwar häufig noch Insulin produzieren, aber es kommt nicht in ausreichender Weise zur Wirkung. Aus diesen Gründen sind die Maßnahmen

Bei beiden Typen von Diabetes ist das richtige Verhältnis von Nahrungsaufnahme zur Insulinmenge im Blut von entscheidender Bedeutung.

zur Behandlung des Typ-1- und Typ-2-Diabetikers unterschiedlich.

Während für den übergewichtigen Typ-2-Diabetiker die Wahl der Lebensmittel und die Energie- und Fettreduktion im Vordergrund stehen, sollte der Typ-1-Diabetiker in Abstimmung mit der Insulindosis und Kohlenhydratzufuhr unbedingt die Regeln einer gesunden Ernährung berücksichtigen.

Für beide Diabetes-Typen gilt: Je besser die Abstimmung zwischen der Nahrungsaufnahme und der zur Verfügung stehenden Insulinmenge im Blut ist, desto größer ist die Chance, Spätschäden zu vermeiden.

Der Hämoglobin-A1-Wert (Hb-A1-Wert) bildet das so genannte Gedächtnis, mit dem der Arzt Ihren Blutzuckerzustand messen kann. Er ist ein Indikator für mögliche Nerven- und Blutgefäßschäden.

Die beiden großen Ziele für den Diabetiker sind sowohl die Verbesserung des Gesundheitszustandes als auch die Steigerung des allgemeinen Wohlbefindens. Dazu gehören die Normalisierung des Blutzuckerwertes, des Fettstoffwechsels, der Hb-A1-Konzentration im Blut sowie die Besserung weiterer eventuell bestehender Stoffwechselstörungen, z. B. Bluthochdruck. Ferner sollten Sie ein normales Körpergewicht und einen zuckerfreien Harn anstreben.
Die Behandlung des Diabetes ruht auf den drei Säulen

- Ernährungsumstellung
- körperliche Aktivität
- Medikamente.

Diese Behandlungsmaßnahmen beeinflussen den gestörten Glukosestoffwechsel positiv, vermindern wesentlich das Risiko von Folgeerkrankungen bzw. verzögern das Auftreten diabetischer Spätschäden. Wer außerdem regelmäßig körperlich aktiv ist und Sport treibt, verbessert nachweisbar die Insulinwirkung an den Zellen. Das bedeutet, dass Sie langfristig gesehen sehr viel weniger Medikamente benötigen, sich Ihr Gesundheitszustand spürbar verbessert und sich Ihre Vitalität erheblich steigert.

Gesunde Ernährung im Detail

Sowohl die Diabetes-Ernährung als auch die Ernährung des Nichtdiabetikers soll gesund und vollwertig sein. Die Ernährung des Diabetikers sollte gleichzeitig immer von einer Stoffwechselkontrolle begleitet werden und folgende Aspekte grundsätzlich berücksichtigen:

- ► Die Zufuhr von Kohlenhydraten (Art, Menge, Verteilung) sollte an die individuelle Stoffwechselsituation angepasst werden.
- ► Mit der Ernährung können die Begleit- und Folgestörungen des Diabetes, z. B. Adipositas und Hypertriglyzeridämie, verhindert bzw. verzögert werden.

Die Ernährungspyramide der Deutschen Gesellschaft für Ernährung (DGE) stellt eine sehr gute Orientierungshilfe für eine gesunde Ernährung dar. Danach liefert jede Lebensmittelgruppe lebenswichtige Nährstoffe (Kohlenhydrate, Eiweiß, Fett, Ballaststoffe, Wasser, Vitamine und Mineralstoffe), die Sie rundum optimal mit allem, was der Körper braucht, versorgen. Getreideprodukte stellen neben Kartoffeln, Gemüse und Obst die Basis einer gesunden Ernährung dar. Auch sollten Milch, Milchprodukte, Fleisch und Eier nicht fehlen. An Fetten und Ölen sollten Sie nur geringe Mengen verzehren, doch solche mit einem hohen Anteil an ungesättigten Fettsäuren dürfen nicht fehlen. Brot, Getreide, Obst, Gemüse und Getränke sind die Hauptbestandteile der vollwertigen Ernährung. Diese Lebensmittel versorgen Sie in erster Linie mit Kohlenhydraten, Mineralstoffen, Vitaminen und Ballaststoffen. Milch- und Milchprodukte sowie Fleisch, Fisch und Ei sind wichtige Eiweißlieferanten. Fette und Öle sowie Süßigkeiten sollten Sie nur sparsam verzehren.

Die Rolle des Gewichts

Das ideale Körpergewicht wird heute mit Hilfe des so genannten Bodymass-Index (BMI) genau berechnet. Die Formel dazu lautet:

$$\text{BMI} = \frac{\text{Körpergewicht (kg)}}{\text{Körpergröße (m)}^2}$$

Der wünschenswerte BMI liegt bei Frauen zwischen 18 und 24, bei Männern zwischen 20 und 25. Personen mit einem höheren BMI leiden an Übergewicht. Übergewichtige Diabetiker sollten ihre tägliche Energieaufnahme möglichst reduzieren und ihren Energieverbrauch

Der Begriff »Diabetes mellitus« bedeutet wörtlich übersetzt »honigsüßes Hindurchfließen« und beschreibt damit den Umstand, dass mit dem Urin auch Zucker ausgeschieden wird.

Für Diabetiker ist es besonders wichtig, die Blutfettwerte zu senken, da sich dadurch auch die Blutzuckereinstellung verbessert. Das Risiko für schwere arteriosklerotische Komplikationen wie Herzinfarkt und Schlaganfall sinkt um rund 40 Prozent.

durch mehr Bewegung steigern, damit sich ihr BMI auf den gewünschten Bereich einpendelt. Bereits ein Gewichtsverlust von nur wenigen Kilogramm erleichtert die Stoffwechseleinstellung. Eine Gewichtsabnahme von 5 bis 10 Kilogramm senkt die Blutzuckerwerte deutlich. Die Gewichtsverluste verbessern die Insulinwirkung an den Zellen, regulieren den Fettstoffwechsel und senken den Bluthochdruck. Damit kann Ihr Arzt in den meisten Fällen die Medikamentenzufuhr reduzieren. Sogar diabetische Folgeschäden können vermindert werden.
Eine Gewichtsabnahme sollten Sie jedoch nicht mit Radikalkuren erzwingen. Besser ist eine langsame und bewusste Ernährungsumstellung. Schritt für Schritt können Sie dabei Ihren Ernährungsplan verändern und das Essen weiterhin genießen.
Beschäftigen Sie sich einmal intensiv mit den Regeln einer gesunden Ernährung, und probieren Sie einfach neue Gerichte und Rezepte aus. Sie werden sehen, bereits kleine Umstellungen können eine große Wirkung haben.
Mit der Umstellung der Ernährung können Sie etwas für sich selbst tun.

Folgende Ernährungsempfehlungen sollten Sie beachten:

- Vielseitig und vollwertig essen.
- Mehrere kleine Mahlzeiten am Tag verzehren.
- Salzarm essen.
- Alkoholaufnahme reduzieren.
- Ballaststoffreich essen.
- Zuckerhaltige Nahrung und Getränke möglichst einschränken.
- Fettarm essen und pflanzliche Öle bevorzugen.

Neben der Berücksichtigung dieser Empfehlungen hilft Ihnen regelmäßige körperliche Bewegung einerseits, das gewünschte Gewicht langfristig zu halten, und andererseits fit zu bleiben.

Vielseitig und vollwertig essen

Die Lebensmittelzusammenstellung sollte abwechslungsreich sein. Bei der Auswahl sollte der Schwerpunkt auf frischem Gemüse und Obst, Salat, mageren Milch- und Fleischprodukten sowie Vollkornprodukten liegen. Typ-2-Diabetiker mit Übergewicht sollten auch auf die richtigen Mengen achten.

Mehrere kleine Mahlzeiten

Statt drei großer Mahlzeiten täglich sollten Sie als Diabetiker sechs bis sieben Mahlzeiten über den Tag verteilt zu sich nehmen. Ideal sind ein erstes und zweites Frühstück, Mittagessen, eine Zwischenmahlzeit am Nachmittag, Abendessen und eine Spätmahlzeit danach. Diese Verteilung der Mahlzeiten bewirkt einen günstigen Blutzuckerverlauf.

Salzarm essen

Genauso wie Nichtdiabetiker sollten auch Diabetiker ihre tägliche Kochsalzaufnahme auf maximal 6 Gramm beschränken. Diejenigen Diabetiker, die einen erhöhten Blutdruck aufweisen, sollten besonders auf ihren Salzkonsum achten. Zum Würzen gibt es gute Alternativen; so machen frische, tiefgekühlte und auch getrocknete Kräuter so manches Gramm Salz überflüssig und liefern zudem noch Vitamine und Mineralstoffe.

Alkohol in Maßen genießen

Alkoholmengen, die bis zu zweimal pro Woche einem bis zwei Glas Wein entsprechen, sind für Diabetiker akzeptabel. Alkohol hat einen hohen Energiegehalt und muss unbedingt im Tagesplan berücksichtigt werden. Die Auswahl der Alkoholika sollten Sie immer nach deren Zuckergehalt treffen. Spirituosen, Liköre und süße Weine sollten Sie meiden. Trockene Weine dürfen Sie gelegentlich genießen. Diabetiker, die Insulin spritzen oder Tabletten einnehmen, sollten Alkohol nur in Verbindung mit kohlenhydrathaltigen Mahlzeiten genießen, da sonst leicht eine Unterzuckerung auftreten kann; in manchen Fällen ist es sogar besser, völlig darauf zu verzichten. Sprechen Sie mit Ihrem behandelnden Arzt darüber.

Nicht alles auf einmal

Starke Blutzuckerschwankungen vermeiden Sie, wenn Sie Ihre Kohlenhydrataufnahme über den ganzen Tag verteilen. So erreichen Sie einen kontinuierlichen Einstrom der Glukose in das Blut. Diabetiker, die orale Antidiabetika einnehmen bzw. Insulin spritzen, können dadurch – nach Absprache mit dem Arzt – ihre jeweilige Dosis senken. Kleine Mengen an Gebäck sind als Zwischenmahlzeit erlaubt, dabei auf die Zutaten achten.

Bei Kuchen und Gebäck kommt es neben der richtigen Auswahl der Zutaten auch auf die Art der Zubereitung an. Übergewichtige Diabetiker sollen fett- und damit kalorienarmes Gebäck vorziehen.

Die Rolle der Kohlenhydrate

Unter dem Oberbegriff Kohlenhydrate werden Stärke und Zuckerverbindungen zusammengefasst. Für Diabetiker ist wichtig zu wissen, dass ihr Blutzuckerspiegel nur nach kohlenhydratreichen Mahlzeiten ansteigt. Dennoch sind die Kohlenhydrate – auch für Diabetiker – wichtigster Bestandteil auf dem täglichen Speisezettel. 50 bis 60 Prozent der täglichen Energiezufuhr sollten aus Kohlenhydraten bestehen. Bei einer Energiezufuhr von z. B. 2400 kcal/Tag entspricht dies 300 Gramm Kohlenhydraten und 25 Broteinheiten (BE).
Neben der Menge sind auch die Art und die Verteilung der Kohlenhydrate auf die einzelnen Mahlzeiten entscheidend.
Genau 1 Gramm Kohlenhydrate liefert dem Körper 4 Kilokalorien, und 12 Gramm Kohlenhydrate entsprechen 1 Broteinheit (BE).

Mit Vollkornerzeugnissen wie Vollkornbrot, -brötchen, -knäckebrot, -flocken aus allen Getreidearten, Weizen-, Gerste- und Haferkleie sowie Vollkornteigwaren, dazu Hülsenfrüchte, frisches Gemüse, Kartoffeln und Obst kommen Sie leicht auf die empfohlene Ballaststoffmenge.

Ballaststoffe – ideale Begleiter

Ballaststoffe zählen zu den Kohlenhydraten und sind Nahrungsbestandteile, die im Körper nicht oder nur teilweise verwertet werden. Sie kommen nur in pflanzlichen Nahrungsmitteln vor und bieten jede Menge Vorteile:

- ► Ballaststoffe haben eine günstige Wirkung auf den Blutzuckerverlauf. Sie vermindern den Blutzuckeranstieg und die Insulinfreisetzung nach einer Mahlzeit, denn die Glukose wird aus den faserreichen Lebensmitteln sehr langsam herausgelöst. Außerdem beeinflussen sie den Blutfettspiegel positiv und unterstützen die Darmtätigkeit.
- ► Beim Abnehmen wirken sie unterstützend als »Essbremse«. Denn

Ballaststoffe müssen länger gekaut werden und sättigen besser als ballaststoffarme Nahrungsmittel.

► Ballaststoffreiche Lebensmittel senken die Energiedichte der Nahrung und sind hervorragende Vitamin- und Mineralstoffträger. Um die Diabeteseinstellung zu verbessern, sollten Sie täglich 30 Gramm Ballaststoffe essen. Dabei ist es wichtig, reichlich zu trinken, da Ballaststoffe stark quellen.

Zucker – oh, wie süß!

Diabetiker sollten handelsüblichen Haushaltszucker nur in sehr geringen Mengen aufnehmen, maximal 50 Gramm pro Tag sind vertretbar. Lebensmittel, die Haushaltszucker enthalten, werden schnell resorbiert und führen in höheren Konzentrationen zu einem starken Blutzuckeranstieg. Daher sollten Sie auf zuckerhaltige Nahrungsmittel und Getränke so weit wie möglich verzichten. Anstelle einer üblichen Zwischenmahlzeit dürfen Sie auch ein Stück Kuchen genießen. Zum Süßen kommen bei den Rezepten nur Zuckeraustauschstoffe und Süßstoffe zum Einsatz.

Zuckeraustauschstoffe

Zuckeraustauschstoffe gehören zu den Kohlenhydraten und können anstelle von Zucker verwendet werden. Zuckeraustauschstoffe müssen auf die Kohlenhydrat- und Energiemenge angerechnet werden. Die wichtigsten Zuckeraustauschstoffe sind Fruchtzucker (Fruktose), Sorbit, Xylit, Isomalt, Mannit, Maltit und Laktit. Ihre Vorteile sind:

► Zuckeraustauschstoffe werden langsamer vom Körper aufgenommen, der Blutzuckerspiegel wird weniger belastet.

► Sie werden insulinunabhängig im Körper abgebaut.

► Sie können weitgehend wie Haushaltszucker verwendet werden und schmecken ähnlich.

► Sie haben mit Ausnahme des Fruchtzuckers einen geringeren Energiegehalt, nämlich nur 2,4 Kilokalorien pro Gramm. Fruchtzucker liefert – genauso wie Haushaltszucker – 4 Kilokalorien pro Gramm.

Süßstoffe

Süßstoffe sind Zuckerersatzprodukte, die eine höhere Süßkraft als Zucker haben, jedoch – mit wenigen Ausnahmen – keine Kalorien liefern. Die Süßkraft übersteigt diejenige des Haushaltszuckers um das Zehn- bis etwa Fünfhundertfache. Süßstoffe haben keine blutzuckersteigernde Wirkung. Gängig sind Saccharin, Cyclamat und Aspartam.

Weitere handelsübliche Süßstoffe sind Acesulfat K, Taumatin und Neohesperidin DC. Meldungen, wonach Süßstoffe Nebenwirkungen haben oder Krebserkrankungen verursachen können, haben sich als falsch erwiesen. Übergewichtige Diabetiker können sie bedenkenlos verwenden.

Weniger Fett ist mehr

Eine hohe Fettzufuhr beeinträchtigt den Insulinabbau in der Leber. Deshalb sollten sich Diabetiker fettarm ernähren. Wenn Öl verwendet wird, sollten Oliven-, Sonnenblumen- oder Distelöl mit hohem Anteil ungesättigter Fettsäuren vorgezogen werden. Zum Backen oder als Streichfett können Butter oder Diätmargarine verwendet werden.

Auf das richtige Fett kommt es an

Das Thema Fett ist für Diabetiker aus zwei Gründen wichtig:

► Das Risiko, an Arterienverkalkung zu erkranken, ist für Diabetiker besonders hoch. Deshalb sollten sie das richtige Fett wählen und auf die Menge achten.

► Jedes Gramm Nahrungsfett liefert 9 Kilokalorien. Damit enthält Fett doppelt so viele Kalorien wie die gleiche Menge Kohlenhydrate oder Eiweiß. Eine fettarme Ernährung erleichtert das Abnehmen.

Im Alltag heißt das, auf Qualität und Quantität der Fette zu achten. Die Zufuhr der Nahrungsfette sollte bei einem Energiebedarf von 2000 bis 2400 kcal/Tag 65 bis 80 Gramm Fett nicht übersteigen. Das entspricht 30 Prozent der Gesamtenergie. Davon sollen 50 Prozent als sichtbares Koch- und Streichfett verwendet werden. Die anderen 50 Prozent Fett werden über Nahrungsmittel wie Milch und Milchprodukte, Fleisch und Wurst aufgenommen.

Die Fette lassen sich einteilen in:

► Gesättigte Fettsäuren und Trans-Fettsäuren, die hauptsächlich in tierischen Fetten, z. B. Schweineschmalz, in gehärteten Fetten, z. B. Butter und Margarine, in Plattenfetten, z. B. Kokosfett und in damit hergestellten Produkten, enthalten sind. Die Trans-Fettsäuren entstehen bei der chemischen Härtung von Fetten.

► Einfach ungesättigte Fettsäuren kommen vor allem in pflanzlichen Ölen vor, besonders im wertvollen Olivenöl.

► Mehrfach ungesättigte Fettsäuren liefern pflanzliche Öle und Fette,

vor allem Sonnenblumen-, Distel-, Lein- und Sojaöl. Auch in Fischölen (z. B. der Kaltwasserfische Lachs, Makrele und Hering) sind sie enthalten. Für die Berechnung fetthaltiger Lebensmittel gibt es auch Austauschtabellen.

Auf versteckte Fette achten

Fett ist nicht immer sofort erkennbar. Einige Lebensmittel enthalten zum Teil erhebliche Mengen an »versteckten« Fetten. Vor allem in Fleisch, Wurst, fetten Käsesorten, Sahne, Nüssen und Süßigkeiten versteckt sich viel Fett. Auch verarbeitete Lebensmittel, z. B. Fertiggerichte, enthalten reichlich versteckte Fette. Zuviel davon kann das Risiko, an Arteriosklerose zu erkranken, erhöhen.

Cholesterin – was ist zu beachten?

Cholesterin ist ein Ausgangsstoff für Hormone und Vitamin D und ist ein wichtiger Baustoff für die Zellwände. Der Körper produziert Cholesterin hauptsächlich in der Leber. Zusätzliches Cholesterin bekommt er mit der Nahrung. Ein Zuviel an tierischen Fetten und somit an Cholesterin kann den Cholesterinspiegel erhöhen und zu Arteriosklerose führen. Diabetiker sollten regelmäßig auf ihren Cholesterinwert achten. Eine günstige Zusammensetzung der Fette oder ein geringer Fettanteil wirken sich positiv auf den Cholesterinspiegel aus. Zusätzlich haben Ballaststoffe eine cholesterinsenkende Wirkung.

Baustein Eiweiß

Die Eiweißaufnahme kann zwischen 10 und 20 Prozent der Gesamtenergie liegen. Bei eiweißhaltigen Lebensmitteln ist in erster Linie zu beachten, dass sich in ihnen gleichzeitig größere Mengen an Fett verbergen können. Hierzu zählen z. B. Fleisch, Wurstwaren, Vollmilch und daraus hergestellte Milchprodukte.

Bei einer gesunden vollwertigen Ernährung sollten zwei Drittel der Eiweißzufuhr aus pflanzlichen Lebensmitteln gedeckt werden. Lediglich ein Drittel verbleibt für Lebensmittel tierischen Ursprungs. Eiweißreiche pflanzliche Lebensmittel sind Getreide, Hülsenfrüchte, Kartoffeln und Nüsse. Auch in Gemüse ist wertvolles Eiweiß enthalten.

Eine fettarme Kost ist gesund, sie reduziert oder verhindert Übergewicht und verbessert die Insulinwirkung.

Getreidesorten und ihre Backeigenschaften

Bevor Sie sich ins Backvergnügen stürzen, hier ein Überblick über die verschiedenen Getreidesorten und ihre Verwendungsmöglichkeiten beim Backen.

Weizen

Weizen hat aufgrund seines Gehaltes an Klebereiweiß (Gluten) die besten Backeigenschaften. Feines Weizenmehl mit den Typen 405 und 550 eignet sich hauptsächlich für süßes Gebäck. Weizenmehl mit der Type 1050 ist ein dunkleres Mehl mit einem etwas kräftigeren Geschmack, das v. a. für Brot verwendet wird. Zusätzlich können Sie Weizenvollkornmehle verwenden, die Sie von ganz fein gemahlen bis zu grob geschrotet kaufen können.

Dinkel

Dinkel ist eine Urform des Weizens und enthält viel Eiweiß und Mineralstoffe. Er überzeugt durch seinen leicht nussigen Geschmack. Dinkel wird gerne für feine, mürbe Gebäcke verwendet. Dinkelmehl können Sie gegen Weizenmehl austauschen.

Hafer

Hafer ist unter den Getreidesorten am fett- und eiweißreichsten und hat einen kräftigen Geschmack. Hafermehl eignet sich nur gemischt mit Weizen zum Backen, da ihm das Klebereiweiß fehlt. Hafer ist für Diabetiker mit erhöhtem Cholesterinspiegel besonders empfehlenswert. Der Handel bietet grobe und feine Haferflocken an, die Sie sowohl für Plätzchen als auch für Brote verwenden können.

Roggen

Roggen wird überwiegend zum Brotbacken verwendet. Er enthält wenig Kleberweiweiß. Dadurch braucht er zur Teiglockerung Backferment oder Sauerteig, da Hefe nicht ausreicht. Alternativ können Sie Roggen- mit Weizenmehl mischen, wodurch das Gebäck, v. a. Brot,

lockerer wird. Roggenbrot oder Roggenmischbrote und -brötchen bleiben lange frisch.

Hirse

Hirse ist das mineralstoffreichste Getreide. Da Hirse kein Klebereiweiß enthält, sollte es zum Backen mit anderen kleberreichen Getreidesorten gemischt werden. Feines Gebäck wie Mürbeteiggebäck wird durch Hirsemehl besonders knusprig.

Mais

Maismehl enthält kein Klebereiweiß und muss mit anderen Mehlsorten gemischt werden. Es hat einen leicht bitteren Geschmack. Mais ist auch als feiner Schrot (Polenta) oder grober Schrot (Kukuruz) im Handel.

Neben diesen gängigen Getreidesorten können Sie auch Gerste und Reis verwenden, die jedoch nur in kleinen Mengen anderen Mehlsorten untergemischt werden, da ihre Backeigenschaften nicht gut sind. Bei Kuchen und Feingebäck erzielen Sie gute Ergebnisse mit fein gemahlenem Mehl. Rustikale Brote und Brötchen gelingen auch mit grob gemahlenem oder geschrotetem Getreide

Backen mit Vollkornmehl

Vollkornmehl hat gegenüber dem weißen Auszugsmehl einige Vorteile. Die Kohlenhydrate sind im Gegensatz zum Auszugsmehl »verpackt«, da das ganze Getreidekorn samt Schalenanteilen und dem Keim vermahlen wird. Die Schalenanteile enthalten die wichtigen Ballaststoffe. Daher sättigt mit Vollkorn Gebackenes viel nachhaltiger. Vollkornmehl versorgt Sie außerdem mit Mineralstoffen, Vitaminen und Enzymen.

Wer keine eigene Getreidemühle besitzt, lässt die ganzen Körner am besten gleich im Naturkostladen oder im Reformhaus frisch mahlen. Wenn Sie dazu keine Gelegenheit haben, können Sie auch auf Vollkornmehl aus dem Supermarkt zurückgreifen, das jedoch nicht so wertvoll ist wie frisch gemahlenes Getreide. Vollkornmehl sollten Sie frisch verwenden, da es aufgrund des mitgemahlenen fetthaltigen Getreidekeims schneller altert als Auszugsmehl. Einige Anregungen finden Sie im Rezeptteil des Buches.

Wer beim Backen Auszugsmehl gegen Vollkornmehl austauschen möchte, muss etwas mehr Wasser oder Milch zum Teig geben, da die Ballaststoffe im Vollkornmehl stark quellen. Einige Rezepte in diesem Buch enthalten Weizenmehl der Type 405 oder 550. Daraus Gebackenes hat eine zarte Struktur und eine hellgelbe Farbe.

SCHNELL & EINFACH

Schoko-Crossies

Für 30 Stück
- **60 g Pinienkerne**
- **150 g Schneekoppe Vollmilch-Schokolade**
- **1 EL Schneekoppe Sonnenblumenöl**
- **50 g Schneekoppe Vita-Flakes**

Zubereitungszeit 20 Minuten

❶ Pinienkerne leicht bräunen und in einer Schüssel abkühlen lassen. Schokolade in einer Schüssel zerbröckeln und mit dem Sonnenblumenöl im warmen Wasserbad langsam schmelzen und glatt rühren.

❷ Ein Backblech mit Backpapier auslegen. Die Vita-Flakes zu den Pinienkernen geben und mit der flüssigen Schokolade vermischen.

❸ Mit einem Teelöffel kleine Häufchen abnehmen und auf das Blech setzen. Das Blech einige Minuten in den Kühlschrank stellen, damit die Schokolade schnell fest wird.

► **Pro Stück**
196 kJ/47 kcal • 1 g Eiweiß
3 g Fett • 4 g Kohlenhydrate
0 g Ballaststoffe • 0,5 BE

Knusprige Zimtwaffeln

Für 4 Stück
- **2 Eier**
- **1/4 TL Schneekoppe flüssige Süßkraft**
- **30 g Schneekoppe Diät-Sirup**
- **2 EL Schneekoppe Sonnenblumenöl**
- **je 50 g Weizen- und Dinkelmehl**
- **1 Prise Backpulver**
- **2 Messerspitzen Zimtpulver**
- **60 ml Mineralwasser**
- **1 Prise Schneekoppe Meersalz**
- **Öl für das Waffeleisen**

Zubereitungszeit 30 Minuten

❶ Eier trennen. Eigelbe, flüssige Süßkraft, Diät-Sirup und Öl verrühren. Mehl, Backpulver und Zimt mit Mineralwasser und Eigelbcreme verrühren. Eiweiße und Meersalz steif schlagen und unterheben.

❷ Waffeleisen vorheizen, mit Öl bestreichen. Je einen Schöpflöffel Teig einfüllen und vier Waffeln backen.

► **Pro Stück**
1028kJ/246 kcal • 6 g Eiweiß
12 g Fett • 25 g Kohlenhydrate
0 g Ballaststoffe • 2 BE

Für die Schoko-Crossies können Sie z. B. auch Schneekoppe Zartbitter- oder Cappuccino-Schokolade verwenden, und anstelle von Pinienkernen schmecken auch geröstete Mandelstifte.

TIPP

Reichen Sie zu den süßen Zimtwaffeln ein herbes Beerenkompott und einen Klecks cremigen Quark, den Sie mit etwas flüssiger Süßkraft, Zitronensaft und Zitronenmelisse verfeinern – das schmeckt nicht nur Kindern!

Gefüllte Kleiemuffins

TIPP

Diese rustikalen Muffins schmecken hervorragend zum Sonntagsfrühstück, entweder solo oder mit etwas Quark oder Butter bestrichen.

Für 12 Stück

- 300 ml Milch
- 100 g Schneekoppe Weizenkleie
- 100 g Weizenmehl
- 50 g feines Weizenvollkornmehl
- 75 g Schneekoppe Diabetiker-Süße
- 1 gestrichener EL Backpulver
- je 1 Messerspitze Muskatblüte (ersatzweise Muskatnuss) und gemahlener Ingwer
- 1 Prise Schneekoppe Meersalz mit Jod und Fluor
- 1 Ei
- 3 EL Schneekoppe Sonnenblumenöl
- Öl für die Muffinform
- 12 TL Schneekoppe Konfitüre (z. B. schwarze Johannisbeere oder Aprikose)

Zubereitungszeit 30 Minuten

❶ Milch und Weizenkleie in einer Schüssel verrühren und einige Minuten quellen lassen.

❷ In einer zweiten Schüssel das Weizenmehl und Weizenvollkornmehl, Diabetiker-Süße, Backpulver, Gewürze und Meersalz mischen.

❸ Die Mehlmischung, Ei und Öl zur Kleie-Milch geben und mit dem Holzlöffel kurz, aber gründlich verrühren.

❹ Eine Muffinform mit 12 Vertiefungen dünn mit Öl ausstreichen. Den Backofen auf 200 °C (Umluft 175 °C, Gas Stufe 3) vorheizen.

❺ Jeweils 1 knappen Esslöffel Teig hineingeben. Je 1 Teelöffel Konfitüre darauf geben und mit dem restlichen Teig bedecken. Die Muffins im Backofen etwa 18 Minuten backen.

► **Pro Stück**
388 kJ/93 kcal • 3 g Eiweiß
4 g Fett • 9 g Kohlenhydrate
4 g Ballaststoffe • 1 BE

Brombeertörtchen

Für 12 Stück

- **125 g Butter oder Diätmargarine**
- **100 g Schneekoppe Fruchtzucker**
- **2 Eier**
- **1/2 TL abgeriebene Schale von 1 unbehandelten Zitrone**
- **1/2 TL gemahlene Bourbon-Vanille**
- **200 g feines Weizenvollkornmehl**
- **50 g feines Maismehl**
- **2 TL Backpulver**
- **1 Prise Schneekoppe Meersalz mit Jod und Fluor**
- **125 ml Milch**
- **250 g frische oder tiefgekühlte Brombeeren**
- **Papierbackförmchen (5 Zentimeter Durchmesser)**

Zubereitungszeit 50 Minuten

❶ Das weiche Fett mit den Quirlen des Handrührers schaumig schlagen. Fruchtzucker und Eier nacheinander unterrühren.

❷ Zitronenschale und Bourbon-Vanille zur Schaummasse geben. Den Backofen auf 200 °C (Umluft 175 °C, Gas Stufe 3) vorheizen.

❸ Das Weizenvollkorn- und Maismehl mit dem Backpulver und Meersalz mischen. Die Hälfte der Mehlmischung zur Eimischung geben. Die Milch dazugießen und alles gut verrühren. Das restliche Mehl kurz unterrühren.

❹ Die Brombeeren (tiefgefrorene Beeren unaufgetaut) behutsam unterheben. Den Teig in die Papierbackförmchen füllen. Im Backofen 20 bis 25 Minuten backen, bis sie goldbraun sind.

► **Pro Stück**
920/220 kJ/kcal • 4 g Eiweiß
11 g Fett • 24 g Kohlenhydrate
2 g Ballaststoffe • 2 BE

Bevor Sie den Teig in die Förmchen füllen, jeweils zwei Papierbackförmchen ineinander stellen, dann haben sie mehr Halt; oder die Papierbackförmchen in ein Muffinblech setzen.

Schokoladen-Amerikaner

Wer die Amerikaner etwas aufwändiger verzieren möchte, schmilzt getrennt jeweils 30 Gramm Schneekoppe Vollmilch- und Zartbitter-Schokolade mit jeweils 5 Gramm Kokosfett. Zuerst eine Sorte Schokolade auf den Amerikanern verstreichen. Die zweite Sorte in einen Gefrierbeutel geben, an einer Seite eine kleine Ecke zum Spritzen abschneiden. Die zweite Glasur spiralförmig auf der ersten verteilen und fest werden lassen.

Für 10 Stück

25 g Schneekoppe Vollmilch-Schokolade
100 g Butter oder Diätmargarine
60 g Schneekoppe Fruchtzucker
1/2 TL Schneekoppe flüssige Süßkraft
2 Eier
100 g Mehl
120 g Dinkelmehl
40 g Speisestärke
2 TL Backpulver
2 TL Kakao
1 Prise Schneekoppe Meersalz mit Jod und Fluor
4 EL Milch

Glasur:

60 g Schneekoppe Vollmilch-Schokolade
5 g Kokosfett

Zubereitungszeit 60 Minuten

❶ Die Schokolade fein mahlen. Das Fett schaumig schlagen. Den Fruchtzucker zugeben und rühren, bis er sich aufgelöst hat.

❷ Die flüssige Süßkraft und ein Ei nach dem anderen unterrühren. Beide Mehlsorten, Speisestärke, Backpulver, Kakao, Salz und Schokolade mischen.

❸ Mehl und Milch abwechselnd unter die Eicreme rühren. Den Backofen auf 200 °C (Umluft 175°C, Gas Stufe 3) vorheizen. Ein Backblech mit Backpapier auslegen.

❹ Vom Teig mit einem Esslöffel zehn Häufchen abnehmen. Jedes zwischen den Händen rasch zu einer Kugel formen und mit etwas Abstand auf das Backblech legen.

❺ Die Amerikaner im Backofen 18 bis 20 Minuten backen. Auf einem Kuchengitter abkühlen lassen.

❻ Für die Glasur die Schokolade in eine Schüssel bröckeln und mit dem Kokosfett im warmen Wasserbad langsam schmelzen. Die abgekühlten Amerikaner auf der glatten Seite mit der Glasur bestreichen und trocknen lassen.

► **Pro Stück**
1141/273 kJ/kcal • 5 g Eiweiß
13 g Fett • 32 g Kohlenhydrate
1 g Ballaststoffe • 2,5 BE

Amerikaner sind bei Kindern immer ein Renner – und dann erst mit Schokolade! ***(Seite 23).***

Müsliplätzchen

Ballaststoffe verbessern die Blutzuckereinstellung und den Blutfettspiegel, außerdem unterstützen sie die Darmtätigkeit. Ein optimaler Blutzuckerwert liegt nüchtern unter 120 mg/dl und sollte nach einer Mahlzeit 160 mg/dl nicht übersteigen.

Für 30 Stück

80 g Butter oder Diätmargarine
50 g Schneekoppe süßer Frühstücksaufstrich
1/2 TL Schneekoppe flüssige Süßkraft
1 Ei
30 g Dinkelmehl
1 TL Backpulver
1 Prise Schneekoppe Meersalz mit Jod und Fluor
1/2 TL Zimtpulver
2 Prisen Nelkenpulver
150 g Schneekoppe Vollfrucht Hochwert Müsli
40 g Sesamsaat

Zubereitungszeit 30 Minuten

❶ Das weiche Fett, den süßen Frühstücksaufstrich und flüssige Süßkraft in eine Schüssel geben und mit den Quirlen des Handrührers schaumig rühren.

❷ Das Ei, Mehl, Backpulver, Salz, Zimt- und Nelkenpulver dazugeben und unterrühren. Das Müsli und 20 Gramm Sesamsaat dazugeben und gründlich untermischen.

❸ Den Backofen auf 200 °C (Umluft 175 °C, Gas Stufe 3) vorheizen. Ein Blech mit Backpapier auslegen.

❹ Aus der Masse mit einem Teelöffel kleine Häufchen abnehmen und auf das Backblech setzen.

❺ Die Häufchen mit der restlichen Sesamsaat bestreuen. Die Müsliplätzchen im Backofen etwa 15 Minuten backen, bis sie goldbraun sind. Aus dem Ofen nehmen und abkühlen lassen.

► **Pro Stück**
242/58 kJ/kcal • 1 g Eiweiß
4 g Fett • 4 g Kohlenhydrate
1 g Ballaststoffe • 0,5 BE

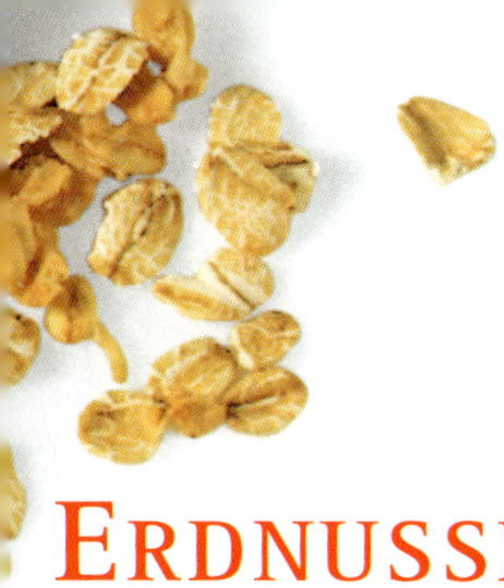

Erdnussplätzchen

Für 32 Stück

- **125 g Butter oder Diätmargarine**
- **1 Eiweiß**
- **75 g Schneekoppe Diabetiker-Süße**
- **1/2 TL Schneekoppe flüssige Süßkraft**
- **1 Prise Schneekoppe Meersalz mit Jod und Fluor**
- **100 g Mehl**
- **1 TL Backpulver**
- **100 g gesalzene Erdnüsse**
- **1 EL Schneekope Weizenkleie**
- **50 g Schneekoppe Vita-Flakes**

Zubereitungszeit 35 Minuten

❶ Das weiche Fett in eine Schüssel geben und mit den Quirlen des Handrührers sehr schaumig schlagen.

❷ Eiweiß, Diabetiker-Süße, flüssige Süßkraft und Meersalz dazugeben und weiterrühren.

❸ Mehl und Backpulver mischen und unter die Masse rühren. Die Erdnüsse mit der Weizenkleie und den Vita-Flakes dazugeben und kurz unterkneten, bis der Teig etwas krümelig ist.

❹ Den Backofen auf 175 °C (Umluft 150 °C, Gas Stufe 2) vorheizen. Ein Backblech mit Backpapier auslegen.

❺ Mit den Händen 32 kleine Häufchen formen und die Häufchen mit etwas Abstand auf das Backblech setzen.

❻ Die Plätzchen im Backofen 15 bis 20 Minuten backen, bis sie goldbraun sind. Aus dem Ofen nehmen und abkühlen lassen.

► **Pro Stück**

322/77 kJ/kcal • 1 g Eiweiß
5 g Fett • 6 g Kohlenhydrate
1 g Ballaststoffe • 0,5 BE

Mehle und Flocken aus dem vollen Korn sind weniger blutzuckerbelastend als Weißmehle. Auch Müsli bewirkt einen nur sehr langsamen Blutzuckeranstieg, Vorsicht gilt allerdings bei Frucht-Müslis wegen der darin enthaltenen Trockenfrüchte.

Kirsch-Knuspertörtchen

TIPP

Für festliche Anlässe können Sie die Törtchen noch mit ein paar Schokoladenraspeln auf der Quarkhaube dekorieren.

Für 4 Stück

100 g Schneekoppe Cappuccino-Schokolade
5 g Kokosfett
40 g Schneekoppe Vita-Flakes
Alufolie
1 TL Schneekoppe Sonnenblumenöl für die Förmchen
1 EL Zitronensaft
1 Päckchen rotes Tortengusspulver
Schneekopppe flüssige Süßkraft
300 g Kirschen (frische oder aufgetaute)
150 g Creme-Quark (0,2 % Fett)
1 TL abgeriebene Schale von 1 unbehandelten Orange
1–2 EL frisch gepresster Orangensaft

Zubereitungszeit 50 Minuten
Kühlzeit 60 Minuten

❶ Die Schokolade grob hacken, in einer Schüssel mit dem Kokosfett im Wasserbad langsam schmelzen. Die Vita-Flakes untermischen.

❷ Alufolie etwas größer als die Förmchen zurechtschneiden. 4 Tartelette-Förmchen (8 Zentimeter Durchmesser) mit Alufolie auslegen. Die Folie mit einem Kuchenpinsel einölen.

❸ Die Masse mit einem Teelöffel in die Förmchen drücken, dabei einen kleinen Rand bilden und im Kühlschrank fest werden lassen. Frische Kirschen waschen und entsteinen.

❹ Für die Füllung 200 Milliliter Wasser, Zitronensaft, Tortengusspulver und etwas flüssige Süßkraft in einem kleinen Topf verrühren. Alles aufkochen und die Kirschen untermischen. Das Kirschkompott 30 Minuten abkühlen lassen.

❺ Das abgekühlte Kompott auf die Tartelettes geben. Die Tartelettes 1 weitere Stunde kalt stellen.

❻ Den Quark mit etwas flüssiger Süßkraft, Orangenschale und -saft abschmecken und jeweils einen Klecks Quarkcreme auf das Kompott geben.

► **Pro Stück**
1191/285 kJ/kcal • 9 g Eiweiß
10 g Fett • 37 g Kohlenhydrate
2 g Ballaststoffe • 3 BE

Mit dieser knusprigen Kombination von Cappuccino, Schokolade, Kirschen und Orange können Sie jeden Gast überraschen (Seite 27).

MAISMUFFINS

Genaues Wiegen ist eine Grundvoraussetzung dafür, dass feines Backwerk gut gelingt. Zum Abwiegen der Zutaten lohnt sich auf jeden Fall die Anschaffung einer Digitalküchenwaage, die auf 2 Gramm genau wiegen kann.

Für 12 Stück

150 g Maisgrieß (Polenta)
150 g Weizenmehl
1 Päckchen Backpulver
40 g Schneekoppe Fruchtzucker
1 Prise Schneekoppe Meersalz mit Jod und Fluor
100 g Butter oder Diätmargarine
1 Ei
1/2 TL Schneekoppe flüssige Süßkraft
250 ml fettarme Milch
12 Papierbackförmchen (5 Zentimeter Durchmesser)
60 g Schneekoppe Aprikosenkonfitüre zum Bestreichen

Zubereitungszeit 35 Minuten

❶ Maisgrieß, Mehl, Backpulver, Fruchtzucker und Meersalz in einer Schüssel mischen.

❷ Den Backofen auf 200 °C (Umluft 175 °C, Gas Stufe 3) vorheizen.

❸ Das Fett in einem kleinen Topf schmelzen. Fett, Ei, flüssige Süßkraft und Milch zur Grieß-Mehl-Mischung geben. Alle Zutaten mit einem Holzlöffel verrühren.

❹ Die Papierbackförmchen in das Muffinblech setzen. Den Teig mit einem Löffel in die Förmchen füllen. Die Muffins im Backofen etwa 15 Minuten backen, bis sie goldbraun sind.

❺ Die Aprikosenkonfitüre und 2 Esslöffel Wasser in einen kleinen Topf geben, erwärmen und glatt rühren. Die noch warmen Muffins damit bestreichen und auf einem Kuchengitter auskühlen lassen.

► **Pro Stück**
815/195 kJ/kcal • 4 g Eiweiß
8 g Fett • 25 g Kohlenhydrate
1 g Ballaststoffe • 2 BE

Nuss-Gewürz-Kuchen

Für 10 Stück

- 100 g Butter oder Diätmargarine
- 40 g Schneekoppe Fruchtzucker
- 1/2 TL Schneekoppe flüssige Süßkraft
- 50 g Weizenvollkornmehl
- 130 g gemahlene Haselnüsse
- 2 TL Backpulver
- 1 TL abgeriebene Schale von 1 unbehandelten Orange
- 1/2 TL Zimtpulver
- je 1 Messerspitze Ingwerpulver, gemahlene Muskatnuss und Nelke
- 3 Eiweiß
- 1 Prise Schneekoppe Meersalz mit Jod und Fluor
- 30 g Schneekoppe Diabetiker-Süße
- Fett für die Form
- 10 g Haselnüsse

Zubereitungszeit 65 Minuten

❶ Das weiche Fett sehr schaumig schlagen. Fruchtzucker und flüssige Süßkraft dazugeben und weiterschlagen, bis die Masse cremig ist.

❷ Mehl, Haselnüsse, Backpulver, Orangenschale und alle Gewürze in einer Schüssel mischen. Den Backofen auf 175 °C (Umluft 150 °C, Gas Stufe 2) vorheizen.

❸ Eiweiß mit Meersalz steif schlagen. Diabetiker-Süße dazurieseln lassen und kurz weiterschlagen. Eischnee und Haselnuss-Mischung zur Fett-Mischung geben und alles mit einem Holzlöffel unterheben.

❹ Eine kleine Napfkuchenform (16 Zentimeter Durchmesser und 1 Liter Inhalt) einfetten. Die Haselnüsse grob hacken und den Boden damit ausstreuen. Den Teig hineingeben und glatt streichen.

❺ Im Backofen etwa 30 Minuten backen. Eventuell zwischendurch mit Backpapier abdecken. Den Kuchen in der Form einige Minuten abkühlen lassen, dann auf ein Kuchengitter stürzen und vollständig auskühlen lassen.

► **Pro Stück**
932/223 kJ/kcal • 4 g Eiweiß
17 g Fett • 12 g Kohlenhydrate
1 g Ballaststoffe • 1 BE

TIPP

Wenn Sie den Kuchen in Alufolie wickeln, bleibt er länger frisch: Kühl aufbewahrt hält er sich dann mindestens eine Woche!

Geburtstagskuchen

Rührteige gelingen am besten, wenn alle Zutaten Zimmertemperatur haben. Nehmen Sie deshalb Fett, Eier und Milch, je nach Rezept, rechtzeitig aus dem Kühlschrank. Wenn die Zutaten unterschiedlich warm sind, kann die Fett-Ei-Mischung gerinnen.

Für 10 Stücke

Teig:

- 125 g Butter oder Diätmargarine
- 100 g Schneekoppe Fruchtzucker
- 1 Prise Schneekoppe Meersalz mit Jod und Fluor
- 1 TL abgeriebene Schale von 1 unbehandelten Orange
- 2 Eier
- 250 g Weizenmehl
- 2 TL Backpulver
- 3 EL Milch
- Fett für die Form

Füllung:

- 70 g Schneekoppe Nuss-Nougat-Creme
- 20 g Crème fraîche

Glasur:

- 75 g Schneekoppe Vollmilch-Schokolade
- 5 g Kokosfett
- 1 EL Mandelblättchen zum Bestreuen

Zubereitungszeit 90 Minuten

Ihre Freunde werden sich immer über diesen Kuchen freuen – auch wenn sie keinen Geburtstag haben (Seite 31).

❶ Eine Napfkuchenform (16 Zentimeter Durchmesser und 1 Liter Inhalt) einfetten. Den Backofen auf 200 °C (Umluft 175 °C, Gas Stufe 3) vorheizen.

❷ Das Fett schaumig schlagen. Fruchtzucker, Salz und Orangenschale dazugeben und weiterschlagen. Die Eier nacheinander unterrühren. Das Mehl mit Backpulver mischen und abwechselnd mit der Milch unterrühren. Den Teig in die Form füllen. Im Backofen etwa 40 Minuten backen. Den Kuchen in der Form kurz abkühlen lassen. Auf einem Kuchengitter vollständig auskühlen lassen.

❸ Die Nuss-Nougat-Creme im Wasserbad erwärmen. Mit Crème fraîche verrühren. Den Kuchen zweimal waagerecht durchschneiden. Mit der Füllung bestreichen und den Kuchen zusammensetzen.

❹ Die Schokolade in eine Schüssel bröckeln und mit dem Kokosfett im warmen Wasserbad schmelzen. Die Glasur über dem Kuchen verteilen. Mandeln rösten. Den Kuchen mit den Mandeln bestreuen.

► **Pro Stück**
1450/347 kJ/kcal • 6 g Eiweiß
19 g Fett • 36 g Kohlenhydrate
1 g Ballaststoffe • 3 BE

Joghurt-Zitronen-Kuchen

Bevor Sie die Schale von Zitronen oder Orangen abreiben, sollten Sie die Zitrusfrüchte heiß abwaschen, um die Wachsreste auf der Schale zu entfernen.

Für 12 Stücke

Teig:

- **3 unbehandelte Zitronen**
- **125 g Butter oder Diätmargarine**
- **150 g Schneekoppe Fruchtzucker**
- **2 Eier**
- **250 g Vollmilch-Naturjoghurt**
- **1 1/2 TL Schneekoppe flüssige Süßkraft**
- **250 g Weizenmehl**
- **1 1/2 TL Backpulver, 1 TL Natron**

Sirup:

- **50 g Schneekoppe Fruchtzucker**
- **Fett für die Form**

Zubereitungszeit 70 Minuten

❶ Die Zitronen waschen und abtrocknen. Von 2 Zitronen 1 Esslöffel Schale fein abreiben, etwa 8 Esslöffel Saft auspressen.

❷ Die dritte Zitrone in Scheiben schneiden. Eine Springform (24 Zentimeter Durchmesser) einfetten. Den Backofen auf 200 °C (Umluft 175 °C, Gas Stufe 3) vorheizen.

❸ Das weiche Fett schaumig schlagen. Fruchtzucker und Eier nacheinander unterrühren. Joghurt, 1 Teelöffel flüssige Süßkraft, 3 Esslöffel Zitronensaft, Zitronenschale, Mehl, Backpulver und Natron zugeben und unterrühren. Teig in die Form füllen und glatt streichen. Die Zitronenscheiben auflegen. Im Backofen etwa 40 Minuten backen, zwischendurch mit Backpapier abdecken.

❹ 5 Esslöffel Zitronensaft, 100 Milliliter Wasser, Fruchtzucker und 1/2 Teelöffel flüssige Süßkraft aufkochen, 5 Minuten sprudelnd kochen lassen. Den Kuchen mehrere Male einstechen und damit begießen.

► **Pro Stück**

1112/266 kJ/kcal • 5 g Eiweiß
11 g Fett • 34 g Kohlenhydrate
1 g Ballaststoffe • 3 BE

Apple Crumble

Für 4 Portionen

Apfelfüllung:

- **1 unbehandelte Zitrone**
- **800 g Äpfel (z. B. Cox Orange)**
- **1/4 TL Schneekoppe flüssige Süßkraft**
- **1/2 TL Zimtpulver**

Streusel:

- **40 g Weizenmehl**
- **40 g feines Weizenvollkornmehl**
- **20 g gemahlene Mandeln**
- **50 g Butter oder Margarine**
- **25 g Schneekoppe Fruchtzucker**
- **1/4 TL Zimtpulver**
- **1/4 TL Schneekoppe flüssige Süßkraft**
- **1 Prise Schneekoppe Meersalz mit Jod und Fluor**
- **Fett für die Form(en)**

Zubereitungszeit 55 Minuten

❶ Zitrone heiß waschen, abtrocknen, die Schale fein abreiben und den Saft auspressen.

❷ Äpfel schälen, vierteln, entkernen. Fruchtfleisch in Spalten schneiden. 150 Milliliter Wasser, Zitronensaft, flüssige Süßkraft und Zimt aufkochen. Die Äpfel darin etwa 5 Minuten abgedeckt köcheln lassen.

❸ Eine Auflaufform einfetten. Den Backofen auf 200 °C (Umluft 175 °C, Gas Stufe 3) vorheizen.

❹ Beide Mehlsorten, Mandeln, Fett, Zitronenschale, Fruchtzucker, Zimt, flüssige Süßkraft und Meersalz zu Streuseln verarbeiten.

❺ Äpfel samt Sud in die Form füllen, mit den Streuseln bedecken. Im Ofen auf der zweiten Schiene von oben etwa 20 Minuten backen.

► **Pro Stück**
1334/319 kJ/kcal • 4 g Eiweiß
14 g Fett • 40 g Kohlenhydrate
7 g Ballaststoffe • 3,5 BE

Die Apfelspalten sollten nach dem Kochen noch bissfest sein. Statt einer mittelgroßen Auflaufform können Sie auch vier kleine Auflaufförmchen verwenden.

Orangen-Griess-Kuchen

Sobald Sie bei einem Rührteig Flüssigkeit zum Mehl gegeben haben, sollten Sie den Teig nur noch kurz durchrühren. Wenn Sie zu lange rühren, verändert sich die Mehlstruktur, und der Kuchen ist nach dem Backen trocken und zäh.

Für 20 Stücke

2 unbehandelte Orangen
75 g Weizenmehl
1 TL Backpulver
225 g Weizengrieß
4 Eier
100 g Schneekoppe Aprikosenkonfitüre
120 ml Schneekoppe Sonnenblumenöl
1 Prise Schneekoppe Meersalz mit Jod und Fluor
Fett für die Form

Sirup:

50 g Schneekoppe Fruchtzucker
1/4 TL Schneekoppe flüssige Süßkraft
1 EL Zitronensaft

Zubereitungszeit 60 Minuten

❶ Die Orangen heiß waschen, abtrocknen, etwa 2 Esslöffel Schale fein abreiben und den Saft auspressen (etwa175 Milliliter Saft).

❷ Mehl, Backpulver und Grieß mischen. Die Eier trennen. Die Eigelbe, Konfitüre, Sonnenblumenöl und 1 Esslöffel Orangenschale schaumig schlagen. Die Eigelbmischung und 75 Milliliter Orangensaft unterrühren.

❸ Eine Form (16 x 20 Zentimeter) einfetten. Den Backofen auf 175 °C (Umluft 150 °C, Gas Stufe 2) vorheizen.

❹ Eiweiße mit Salz steif schlagen und unter den Teig heben. In die Form füllen. Den Kuchen im Backofen 35 bis 40 Minuten backen.

❺ Inzwischen Fruchtzucker, flüssige Süßkraft, restliche Orangenschale und -saft sowie Zitronensaft unter Rühren aufkochen und 2 Minuten kochen lassen. Den gebackenen Kuchen mehrmals einstechen. Den noch warmen Kuchen in der Form mit der Hälfte des Sirups begießen.

❻ Den Kuchen in 20 je 4 x 4 Zentimeter große Würfel schneiden und mit restlichem Sirup anrichten.

► **Pro Stück**
618/148 kJ/kcal • 3 g Eiweiß
8 g Fett • 15 g Kohlenhydrate
0 g Ballaststoffe • 1,5 BE

Ob auf ein Fest oder einfach zum nächsten Kaffeekränzchen – die Häppchen des Orangen-Grieß-Kuchens sind ideal zum Mitnehmen (Seite 35).

Apfeltarte

TIPP

Für eine Springform mit einem Durchmesser von 26 Zentimern können Sie die Zutatenmenge einfach verdoppeln.

Für 6 Stücke

400 g säuerliche Äpfel (z. B. Boskoop)
2 EL Zitronensaft
1/2 Vanilleschote
50 g Butter oder Diätmargarine
50 g Schneekoppe Fruchtzucker
50 g Weizenvollkornmehl
50 ml fettarme Milch
1 TL abgeriebene Schale von 1 unbehandelten Zitrone
1 Ei
1 Prise Schneekoppe Meersalz mit Jod und Fluor
Fett für die Form

Zubereitungszeit 60 Minuten

❶ Die Äpfel schälen, vierteln und das Kerngehäuse herausschneiden. Die Viertel in Scheibchen schneiden und mit Zitronensaft beträufeln.

❷ Die Vanilleschote mit einem Messer der Länge nach halbieren und das Mark herauskratzen. Fett in einem kleinen Topf bei schwacher Hitze zerlassen.

❸ Eine Tarteform (22 Zentimeter Durchmesser) einfetten. Den Backofen auf 175 °C (Umluft 150 °C, Gas Stufe 2) vorheizen.

❹ Den Fruchtzucker, Mehl, Milch, Vanillemark, Zitronenschale, flüssiges Fett, Ei und Meersalz dazugeben und mit einem Schneebesen verrühren. Die Apfelscheiben zu der Masse geben.

❺ Den Teig in die Tarteform füllen. Die Tarte im Backofen 35 bis 40 Minuten backen, bis der Kuchen eine goldbraune Farbe hat und gut durchgebacken ist. Die Tarte auf einem Kuchengitter abkühlen lassen.

► **Pro Stück**
752/180 kJ/kcal
3 g Eiweiß • 8 g Fett
20 g Kohlenhydrate
2 g Ballaststoffe • 2 BE

Versunkener Träubleskuchen

Für 8 Stücke

- **1/2 Vanilleschote**
- **100 g Butter oder Diätmargarine**
- **30 g Schneekoppe Fruchtzucker**
- **1/2 TL Schneekoppe flüssige Süßkraft**
- **1 TL abgeriebene Schale von 1 unbehandelten Orange**
- **1 Prise Schneekoppe Meersalz mit Jod und Fluor**
- **2 Eier**
- **75 g Weizenmehl**
- **75 g feines Weizenvollkornmehl**
- **1 1/2 TL Backpulver**
- **2 EL frisch gepresster Orangensaft**
- **je 100 g rote und schwarze Johannisbeeren**
- **Fett für die Form**
- **20 g Pinienkerne**

Zubereitungszeit 60 Minuten

❶ Die Vanilleschote mit einem Messer der Länge nach halbieren und das Mark herauskratzen. Eine kleine Springform (20 Zentimeter Durchmesser) einfetten. Den Backofen auf 175 °C (Umluft 150 °C, Gas Stufe 2) vorheizen.

❷ Das weiche Fett sehr schaumig schlagen. Vanillemark, Fruchtzucker, flüssige Süßkraft, Orangenschale und Meersalz unterrühren.

❸ Die Eier nacheinander unterrühren. Beide Mehlsorten und Backpulver mischen und abwechselnd mit dem Orangensaft unter den Teig rühren.

❹ Johannisbeeren waschen und abtropfen lassen. Die Beeren von den Rispen streifen und unter den Teig heben. Den Teig in die Form füllen und glatt streichen. Mit Pinienkernen bestreuen. Den Kuchen im Backofen 35 bis 40 Minuten backen.

❺ Den Kuchen in der Form kurz abkühlen lassen, auf ein Kuchengitter stürzen und auskühlen lassen.

► Pro Stück
965/231 kJ/kcal • 5 g Eiweiß
14 g Fett • 19 g Kohlenhydrate
2 g Ballaststoffe • 2 BE

Die Johannisbeeren lassen sich nach dem Abtropfen schnell und einfach mit Hilfe einer Gabel von den Rispen streifen.

Zucchinikuchen

Backpulver besteht aus Natron und einer Säure, die während des Backvorgangs Kohlendioxyd entwickeln, das den Teig in die Höhe treibt.

Für 20 Scheiben

300 g Zucchini
4 Eier
100 ml Schneekoppe Sonnenblumenöl
225 g Schneekoppe Fruchtzucker
300 g Weizenmehl (Type 550)
1 Päckchen Backpulver
1/2 TL Schneekoppe Meersalz mit Jod und Fluor
1/2 TL abgeriebene Schale von 1 unbehandelten Zitrone
1 TL Anissaat
1 Messerspitze gemahlenes Kurkuma (Gelbwurz)
50 g Pinienkerne
Öl für die Form
2 TL Maisgrieß für die Form

Zubereitungszeit 75 Minuten

❶ Die Zucchini gründlich waschen, putzen, mit Küchenpapier trockenreiben und auf der Rohkostreibe grob raspeln.

❷ Eine Kastenform (30 Zentimeter Länge) mit Öl auspinseln und mit Maisgrieß ausstreuen. Den Backofen auf 225 °C (Umluft 200 °C, Gas Stufe 4) vorheizen.

❸ Die Eier, Öl und Fruchtzucker in einer Schüssel mit den Quirlen des Handrührers schaumig schlagen. Das Mehl, Backpulver, Meersalz, Zitronenschale, Anis und Kurkuma unterrühren.

❹ Die Zucchiniraspel und Pinienkerne, bis auf 1 Esslöffel, unterrühren. Den Teig in die Form füllen und mit den restlichen Pinienkernen bestreuen.

❺ Den Kuchen im Backofen erst 10 Minuten backen. Die Temperatur auf 175 °C (Umluft 150 °C, Gas Stufe 2) herunterschalten. Den Kuchen weitere 50 bis 60 Minuten backen, dabei zwischendurch mit Backpapier abdecken.

❻ Den Kuchen in der Form einige Minuten abkühlen lassen, dann aus der Form auf ein Kuchengitter stürzen und vollständig auskühlen lassen.

► **Pro Scheibe**
773/185 kJ/kcal • 4 g Eiweiß
8 g Fett • 23 g Kohlenhydrate
1 g Ballaststoffe • 2 BE

Durch Kurkuma und Anis steckt ein Hauch von Exotik in dem lockeren, saftigen Zucchinikuchen (Seite 39).

FRISCHKÄSETORTE

TIPP

Die Frischkäsetorte schmeckt am besten, wenn sie ein bis zwei Tage durchgezogen ist; sie lässt sich daher gut vorbereiten.

Für 12 Stücke

100 g Schneekoppe Zwieback
40 g Butter oder Diätmargarine

Füllung:

5 Eier
500 g Doppelrahm-Frischkäse
100 g Schneekoppe Fruchtzucker
3–4 EL Zitronensaft
2 TL abgeriebene Schale von 1 unbehandelten Zitrone
100 g saure Sahne (10 % Fett)
1 Prise Schneekoppe Meersalz mit Jod und Fluor

Zubereitungszeit 110 Minuten

❶ Den Zwieback im Blitzhacker fein zerkleinern und mit dem weichen Fett zu Krümeln verarbeiten. Den Backofen auf 150 °C (Umluft 125 °C, Gas Stufe 1–2) vorheizen.

❷ Eine Springform (26 Zentimeter Durchmesser) an Boden und Rand mit Backpapier auslegen. Die Zwiebackkrümel darin mit einem Esslöffel zu einem Teigboden drücken.

❸ Die Eier in Eigelbe und Eiweiß trennen. Für die Füllung den Frischkäse in einer Schüssel glatt rühren. Die Eigelbe, 50 Gramm Fruchtzucker, Zitronensaft, Zitronenschale und saure Sahne unterrühren.

❹ Eiweiß mit dem restlichen Fruchtzucker und Meersalz steif schlagen und behutsam unter die Käsecreme heben.

❺ Die Füllung auf den Zwiebackboden geben und glatt streichen. Den Kuchen im Backofen 75 bis 80 Minuten backen.

❻ Den Kuchen erst in der Form etwa 15 Minuten ruhen lassen, dann den Rand der Springform öffnen und auf einem Kuchengitter auskühlen lassen.

► **Pro Stück**
1195/286 kJ/kcal • 10 g Eiweiß
20 g Fett • 14 g Kohlenhydrate
1 g Ballaststoffe • 1 BE

Rüblitorte

Für 12 Stücke
40 g Schneekoppe Zartbitter-Schokolade
250 g Möhren
125 g Butter oder Diätmargarine
80 g Schneekoppe Fruchtzucker
3 Eier
100 g gemahlene Haselnüsse
1 TL Zimtpulver
1 TL abgeriebene Schale von 1 unbehandelten Orange
150 g feines Weizenvollkornmehl
1 1/2 TL Backpulver
1/2 TL Schneekoppe flüssige Süßkraft
Fett für die Form
je 2 TL Schneekoppe Fruchtzucker und Kakao zum Bestreuen

Zubereitungszeit 70 Minuten

❶ Die Schokolade auf der Haushaltsreibe fein reiben. Die Möhren waschen und schälen. Ebenfalls fein reiben.

❷ Das weiche Fett mit den Quirlen des Handrührers schaumig schlagen. 40 Gramm Fruchtzucker dazugeben und weiterrühren, bis sich der Zucker gelöst hat.

❸ Die Eier in Eigelbe und Eiweiß trennen. Eine Springform (24 Zentimeter Durchmesser) einfetten. Den Backofen auf 175 °C (Umluft 150 °C, Gas Stufe 2) vorheizen.

❹ Die Eigelbe nacheinander unterrühren. Haselnüsse, geriebene Möhren, Schokolade, Zimtpulver, Orangenschale, Mehl, Backpulver und flüssige Süßkraft unter die Eigelbcreme rühren.

❺ Eiweiß mit dem restlichen Fruchtzucker steif schlagen und behutsam unterheben. Den Teig in die Springform füllen und glatt streichen. Den Kuchen im Backofen 30 bis 35 Minuten backen, bis er goldbraun ist.

❻ Den Kuchen in der Form einige Minuten abkühlen lassen, dann aus der Form auf ein Kuchengitter stürzen und abkühlen lassen. Mit Fruchtzucker und Kakao bestreuen.

► **Pro Stück**
1087/260 kJ/kcal • 5 g Eiweiß
17 g Fett • 20 g Kohlenhydrate
3 g Ballaststoffe • 2 BE

TIPP

Beim Reiben der Möhren sollten Sie den Saft auffangen und mit in den Teig geben, damit dieser feucht und saftig wird.

Klassisch & beliebt

Schneckennudeln

Für 12 Stück
Plunderteig:
- 20 g frische Hefe
- 50 g Schneekoppe Fruchtzucker
- 1/2 TL Schneekoppe Meersalz mit Jod und Fluor
- 320 g feines Weizenvollkornmehl
- 180 g Butter
- etwas Mehl zum Ausrollen

Füllung:
- 1 EL zerlassene Butter
- 30 g Schneekoppe Fruchtzucker und 1 TL Zimtpulver, vermischt
- 100 g Schneekoppe Aprikosenkonfitüre zum Bestreichen

Zubereitungszeit 3 Stunden 10 Minuten

1 Hefe, Fruchtzucker und Meersalz mit 175 Milliliter lauwarmem Wasser verrühren. Mehl und 30 Gramm weiche Butter dazugeben und verkneten. Abgedeckt im Kühlschrank 1 Stunde gehen lassen.

2 Restliche kalte Butter zwischen 2 Lagen Pergamentpapier zu einem Rechteck von 15 x 20 Zentimeter ausrollen. Rechteck in Klarsichtfolie einschlagen und kalt stellen.

3 Den Teig durchkneten und zu einem Rechteck ausrollen. Die Butterplatte auf eine Teighälfte legen, die andere Hälfte darüberschlagen. Die Ränder zusammendrücken. Den Teig erneut zu einem Rechteck ausrollen. Von der schmalen Seite her zu einem Drittel nach innen klappen, das andere äußere Drittel darüber klappen. In Folie verpackt im Kühlschrank 20 bis 30 Minuten ruhen lassen. Diese Arbeitsgänge noch zweimal wiederholen.

4 Den Teig zu einem Rechteck ausrollen, mit der Butter bestreichen. Zimtzucker darüber streuen. Den Teig aufrollen und in 12 Scheiben schneiden. Zwei Backbleche mit Backpapier auslegen. Die Schnecken darauf 45 Minuten gehen lassen. Den Backofen vorheizen. Die Schnecken 20 bis 25 Minuten backen. Konfitüre aufkochen und durch ein Sieb streichen. Die heißen Schnecken damit bestreichen.

► **Pro Stück**
1062/254 kJ/kcal • 4 g Eiweiß
14 g Fett • 26 g Kohlenhydrate
3 g Ballaststoffe • 2,5 BE

Hefeteig gelingt am besten, wenn Eier, Fett und Hefe zimmerwarm sind. Für die Schneckennudeln den Backofen auf 200 °C (Umluft 175 °C, Gas Stufe 3) vorheizen.

Marmorkuchen

Wer möchte, kann den Kuchen noch mit einer Mokka-Schokoladenglasur überziehen. Dafür 100 Gramm Schneekoppe Mocca-Creme-Schokolade mit 10 Gramm Kokosfett im warmen Wasserbad schmelzen und mit einem Esslöffel über den erkalteten Kuchen geben.

Für 16 Stücke

180 g weiche Butter
50 g Schneekoppe Fruchtzucker
2 TL Schneekoppe flüssige Süßkraft
200 g Weizenmehl
180 g feines Dinkelmehl
5 Eier
1 Prise Schneekoppe Meersalz mit Jod und Fluor
3 TL Backpulver
3 EL fettarme Milch
Fett für die Form
75 g Schneekoppe Zartbitter-Schokolade
1 TL Kakao

Zubereitungszeit 70 Minuten

❶ Die Butter mit den Quirlen des Handrührers sehr schaumig schlagen. Fruchtzucker und flüssige Süßkraft dazugeben und weiterrühren, bis sich der Zucker gelöst hat.

❷ Die beiden Mehlsorten mischen. Die Eier nacheinander mit jeweils 1 bis 2 Teelöffeln Mehl unter den Butterschaum rühren. Restliches Mehl, Salz und Backpulver mischen und mit der Milch unterrühren.

❸ Eine Napfkuchenform (1,5 Liter Inhalt) gut einfetten. Den Backofen auf 175 °C (Umluft 150 °C, Gas Stufe 2) vorheizen.

❹ Die Hälfte des Teiges in die Form füllen. Schokolade in eine Schüssel bröckeln und im warmen Wasserbad langsam schmelzen. Schokolade und Kakao unter den restlichen Teig rühren. Den Schokoladenteig auf den hellen Teig geben. Eine Gabel spiralenförmig durch beide Teigschichten ziehen.

❺ Den Kuchen 40 bis 45 Minuten backen. In der Form einige Minuten abkühlen lassen. Auf einem Kuchengitter vollständig auskühlen lassen.

► **Pro Stück**
1020/244 kJ/kcal • 5 g Eiweiß
13 g Fett • 24 g Kohlenhydrate
1 g Ballaststoffe • 2 BE

FRANZBRÖTCHEN

Für 14 Stück
Hefeteig:
250 g Weizenmehl
250 g feines Weizenvollkornmehl
1 Würfel Hefe (42 g)
30 g Schneekoppe Diabetiker-Süße
1/4 l Milch, 50 g Butter
Mehl für die Arbeitsfläche
Füllung:
150 g kalte Butter
50 g Schneekoppe Diabetiker-Süße
50 g Schneekoppe Fruchtzucker
3–4 TL Zimtpulver
2 EL Schneekoppe Aprikosenkonfitüre zum Bestreichen

Zubereitungszeit 145 Minuten

❶ Beide Mehlsorten in eine Schüssel geben. In die Mitte eine Mulde drücken, die Hefe hineinbröckeln und mit 1 Teelöffel Diabetiker-Süße und 5 Esslöffeln lauwarmer Milch verrühren. Abgedeckt etwa 15 Minuten gehen lassen.

❷ Restliche Diabetiker-Süße, Milch und die Butter unterkneten. Teig kneten, bis er sich vom Schüsselrand löst. Abgedeckt weitere 15 bis 20 Minuten gehen lassen.

❸ Den Teig kneten, 5 Minuten ruhen lassen. Auf wenig Mehl zum Rechteck ausrollen. Die Butter auf eine Hälfte legen. Andere Hälfte darüber schlagen, andrücken. Den Teig zum Rechteck ausrollen. Ein Drittel einschlagen, das andere Drittel darüber schlagen. 30 Minuten kalt stellen.

❹ Teig zu einem Rechteck ausrollen, mit Wasser bestreichen. Diabetiker-Süße, Fruchtzucker und Zimt mischen und darüber streuen. Aufrollen, in 14 Streifen schneiden. Jeden in der Mitte mit einem Holzlöffel eindrücken.

❺ Zwei Bleche mit Backpapier auslegen. Brötchen darauf 20 Minuten gehen lassen, dann 18 bis 20 Minuten backen. Konfitüre und 1 Esslöffel Wasser erhitzen, glatt rühren. Die Brötchen damit bestreichen.

► **Pro Stück**
1204/288 kJ/kcal • 5 g Eiweiß
13 g Fett • 34 g Kohlenhydrate
2 g Ballaststoffe • 3 BE

Die Brötchen werden im vorgeheizten Backofen gebacken. Deshalb den Backofen rechtzeitig auf 200 °C (Umluft 175 °C, Gas Stufe 3) vorheizen.

Pflaumenwähe

Mürbeteige werden häufig blind, d. h. ohne die eigentliche Füllung, nur mit getrockneten Hülsenfrüchten oder Reiskörnern beschwert gebacken. Je nach Rezept wird der Boden auf diese Weise nur vorgebacken und die Hülsenfrüchte entfernt, bevor der Kuchen mit der Füllung wieder in den Ofen kommt. Tartelettes oder Tortenböden, die einen rohen Belag bekommen, werden mit den Hülsenfrüchten fertig gebacken.

Mit ihrer Kombination von Pflaumen und Sauerrahm bringt die Pflaumenwähe eine fruchtige spätsommerliche Erfrischung in den Herbst (Seite 47).

Für 12 Stücke

Mürbeteig:

250 g Dinkelmehl
50 g Schneekoppe Fruchtzucker
1 Messerspitze Schneekoppe Meersalz mit Jod und Fluor
100 g Butter oder Diätmargarine
2 TL Schneekoppe Obstessig
Mehl für die Arbeitsfläche
Fett für die Form
Hülsenfrüchte zum Blindbacken

Belag:

1 kg Pflaumen, 100 ml Milch
6 Stück Schneekoppe Zwieback
150 g saure Sahne (10 % Fett)
3 Eier
20 g Schneekoppe Fruchtzucker
1 TL Zimtpulver
30 g Butter oder Diätmargarine

Zubereitungszeit 110 Minuten
Kühlzeit 60 Minuten

❶ Mehl, Fruchtzucker, Meersalz, Fett in Flöckchen, 8 Esslöffel kaltes Wasser und Obstessig vermischen. Mit kühlen Händen rasch zu einem glatten Teig kneten. In Folie wickeln und etwa 1 Stunde kalt stellen. Pflaumen waschen, halbieren und entsteinen.

❷ Eine Springform (28 Zentimeter Durchmesser) einfetten. Den Backofen auf 200 °C (Umluft 175 °C, Gas Stufe 3) vorheizen.

❸ Den Teig auf einer mit Mehl bestäubten Arbeitsfläche rund ausrollen, in die Form legen und einen 2 Zentimeter hohen Rand hochdrücken. Teigboden einstechen, Backpapier einlegen und mit den Hülsenfrüchten beschweren. 15 bis 20 Minuten vorbacken. Hülsenfrüchte und Papier entfernen.

❹ Zwieback zerkrümeln und die Hälfte auf den Teig streuen. Pflaumen darauf legen. Milch, saure Sahne, Eier, Fruchtzucker und 1/2 Teelöffel Zimt verrühren, über die Pflaumen gießen. Die Wähe weitere 20 Minuten backen. Restliche Zwiebackbrösel mit 1/2 Teelöffel Zimt und Fett zu Streuseln verarbeiten. Auf dem Kuchen verteilen. Weitere 20 Minuten backen.

► **Pro Stück**
1220/292 kJ/kcal • 5 g Eiweiß
13 g Fett • 35 g Kohlenhydrate
2 g Ballaststoffe • 3 BE

Käsekuchen

Für 12 Stücke
1 unbehandelte Zitrone
4 Eier
500 g Schichtkäse (20 % Fett)
120 g Schneekoppe Fruchtzucker
60 g Weizengrieß
75 g Butter oder Diätmargarine
1 Prise Schneekoppe Meersalz mit Jod und Fluor

Zubereitungszeit 95 Minuten

❶ Die Zitrone heiß abspülen, trockenreiben, die Schale fein abreiben und den Saft auspressen. Eine Springform (26 Zentimeter Durchmesser) mit Backpapier auslegen. Den Backofen auf 175 °C (Umluft 150 °C, Gas Stufe 2) vorheizen.

❷ Die Eier trennen. Schichtkäse, Eigelbe, 70 Gramm Fruchtzucker, Zitronenschale, 3 Esslöffel Zitronensaft und Grieß mit dem Schneebesen oder mit den Quirlen des Handrührers verrühren.

❸ Das Fett bei schwacher Hitze schmelzen und unter die Käsemasse rühren. Eiweiß mit Meersalz und restlichem Fruchtzucker steif schlagen.

❹ Ein Drittel des Eischnees unter die Käsecreme rühren, den Rest unterheben. Die Käsemasse in die Form füllen und glatt streichen. Den Kuchen im Backofen 50 bis 60 Minuten backen, dabei eventuell zwischendurch mit Backpapier abdecken. Den Kuchen aus dem Ofen nehmen und auf einem Kuchengitter abkühlen lassen.

► **Pro Stück**
748/179 kJ/kcal • 8 g Eiweiß
8 g Fett • 15 g Kohlenhydrate
0 g Ballaststoffe • 1,5 BE

TIPP

Falls kein Schichtkäse zu erhalten ist, können Sie stattdessen auch normalen Quark verwenden. Drücken Sie ihn allerdings in einem Tuch gut aus, weil er häufig sehr feucht ist, und der Kuchen zu nass bleiben könnte.

Topfenstrudel

Für 14 Stücke
Strudelteig:
160 g Weizenmehl
1 EL Schneekoppe Sonnenblumenöl
knapp 1/2 TL Schneekoppe Meersalz mit Jod und Fluor
Füllung:
30 g Rosinen
60 g Butter oder Diätmargarine
500 g Schichtkäse (20 % Fett)
2 Eier
50 g Schneekoppe Fruchtzucker
1/2 TL Schneekoppe flüssige Süßkraft
Saft und abgeriebene Schale von 1/2 unbehandelten Zitrone
25 g Speisestärke
1/2 TL gemahlene Bourbon-Vanille
4–6 Tropfen Rumaroma
Mehl für die Arbeitsfläche
1 EL Diabetiker-Süße zum Bestreuen

Zubereitungszeit 90 Minuten

❶ Mehl, Sonnenblumenöl, Meersalz und etwa 100 Milliliter lauwarmes Wasser zu einem glatten, elastischen Teig kneten. Den Teig zu einer Kugel formen, in Klarsichtfolie einwickeln und etwa 30 Minuten ruhen lassen.

❷ Rosinen mit kochendem Wasser überbrühen und kurz stehen lassen. Abtropfen lassen. Das Fett zerlassen. Den Schichtkäse durch ein Sieb streichen. Mit den Rosinen, Eiern, 40 Gramm flüssigem Fett, Fruchtzucker, flüssiger Süßkraft, Zitronensaft und -schale, Speisestärke, Vanille und Rumaroma verrühren.

❸ Den Teig auf wenig Mehl dünn ausrollen. Über die Handrücken ausziehen, auf ein Küchentuch legen und mit 1 Esslöffel flüssigem Fett bestreichen. Ein Backblech mit Backpapier auslegen. Den Ofen auf 200 °C (Umluft 175 °C, Gas Stufe 3) vorheizen. Die Füllung auf den Teig streichen. Von der langen Seite her aufrollen und 45 Minuten backen. Mit dem restlichen flüssigen Fett bestreichen.

► **Pro Stück**
614/147 kJ/kcal • 7 g Eiweiß
6 g Fett • 14 g Kohlenhydrate
0 g Ballaststoffe • 1,5 BE

TIPP

**Der Topfenstrudel schmeckt ganz frisch aus dem Ofen am besten.
Den Strudel mit Diabetiker-Süße bestreut servieren.**

Klassischer Apfelstrudel

Zwieback zum Zerkrümeln am besten in einen Gefrierbeutel geben und mit der Kuchenrolle nach Belieben fein zerkrümeln. Den Apfelstrudel möglichst heiß mit Sahne oder einer Vanillesauce servieren.

Für 14 Stücke

Strudelteig:

- **230 g Weizenmehl**
- **30 ml Schneekoppe Sonnenblumenöl**
- **1/2 TL Schneekoppe Meersalz mit Jod und Fluor**

Füllung:

- **5 Schneekoppe Zwieback**
- **900 g säuerliche Äpfel (z. B. Boskoop)**
- **30 g Haselnusskerne**
- **Saft und Schale von 1 unbehandelten Zitrone**
- **2–3 EL Schneekoppe Diabetiker-Süße**
- **1 TL Zimtpulver**
- **40 g Butter oder Diätmargarine**

Zubereitungszeit 90 Minuten

❶ Mehl, Sonnenblumenöl, Meersalz und 110 Milliliter lauwarmes Wasser zu einem glattenTeig kneten. Den Teig zu einer Kugel formen, in Klarsichtfolie einwickeln und etwa 30 Minuten ruhen lassen.

❷ Zwieback fein zerkrümeln. Äpfel schälen, vierteln, entkernen und die Viertel in Scheibchen schneiden.

❸ Haselnüsse klein hacken. Mit Äpfeln, Zitronensaft und -schale, Diabetiker-Süße, Zimt und Zwiebackbröseln mischen. Ein Backblech mit Backpapier auslegen. Den Backofen auf 225 °C (Umluft 200 °C, Gas Stufe 4) vorheizen.

❹ Den Teig auf wenig Mehl dünn ausrollen. Über die Handrücken zu einem Rechteck ausziehen, auf ein Küchentuch legen. Das Fett zerlassen. Den Teig mit der Hälfte bestreichen.

❺ Die Füllung als Strang mit etwas Abstand zum Rand auf eine Längsseite geben. Den Strudel von der belegten Seite her aufrollen, mit restlichem Fett bepinseln und auf das Backblech geben. Im Backofen 25 bis 30 Minuten backen. Eventuell zwischendurch mit Backpapier abdecken.

► **Pro Stück**

715/171 kJ/kcal • 3 g Eiweiß
7 g Fett • 23 g Kohlenhydrate
3 g Ballaststoffe • 2 BE

Savarin mit Orangensirup

Für 20 Stücke
Rührteig:
1 Vanilleschote
80 g Butter oder Diätmargarine
125 g Magerquark
3 Eier
100 g Schneekoppe Fruchtzucker
1/2 TL Schneekoppe flüssige Süßkraft
1 Prise Schneekoppe Meersalz mit Jod und Fluor
5 EL fettarme Milch
4 EL Schneekoppe Sonnenblumenöl
100 g Weizenmehl
150 g feines Weizenvollkornmehl
50 g geschälte, gemahlene Mandeln
1 Päckchen Backpulver
Fett und Mehl für die Form
Orangensirup:
200 ml frisch gepresster Orangensaft
2 EL Zitronensaft
1/2 TL Schneekoppe flüssige Süßkraft
1/2 TL Orangenblütenwasser nach Belieben (aus der Apotheke)

Zubereitungszeit 80 Minuten

❶ Vanilleschote längs halbieren und das Vanillemark herauskratzen. Eine Ringform (1,5 Liter Inhalt) einfetten und mit Mehl bestäuben. Den Backofen auf 200 °C (Umluft 175 °C, Gas Stufe 3) vorheizen.

❷ Das weiche Fett schaumig schlagen. Quark, Eier, Fruchtzucker, flüssige Süßkraft, Vanillemark und Meersalz unterrühren. Nach und nach Milch, Sonnenblumenöl, beide Mehlsorten, Mandeln und Backpulver unterrühren. Den Teig in die Form füllen und glatt streichen. Im Backofen 25 bis 30 Minuten backen.

❸ Orangen- und Zitronensaft und flüssige Süßkraft etwa 2 Minuten sprudelnd kochen lassen. Savarin in der Form etwa 10 Minuten abkühlen lassen, auf eine Platte stürzen, mehrmals einstechen, mit Sirup tränken und abkühlen lassen.

► **Pro Stück**
644/154 kJ/kcal • 4 g Eiweiß
8 g Fett • 15 g Kohlenhydrate
1 g Ballaststoffe
1,5 BE

TIPP

Dazu passt ein frischer Obstsalat aus Früchten der Saison. Im Sommer können Sie frische Beeren mit etwas Orangensaft und flüssiger Süßkraft mischen. Im Winter schmeckt ein Zitrusfruchtsalat aus Orangen, gelben und rosa Grapefruits, abgerundet mit einigen gehackten Pistazienkernen und etwas flüssiger Süßkraft.

Windbeutel mit Mokkasahne

TIPP

Wenn Sie Johannisbrotkernmehl nicht vorrätig haben, können Sie das Bindemittel auch weglassen oder durch die gleiche Menge Sahnefestiger ersetzen.

Für 18 Stück

Brandteig:

- 70 g Butter oder Diätmargarine
- 2 Prisen Schneekoppe Meersalz mit Jod und Fluor
- 75 g Weizenmehl
- 75 g feines Weizenvollkornmehl
- 4 Eier
- 40 g Schneekoppe Mocca-Creme-Schokolade zum Verzieren
- 1 TL Schneekoppe Sonnenblumenöl

Mokkasahne:

- 250 g Sahne
- 2 TL Instant-Espressopulver
- 1 Messerspitze Johannisbrotkernmehl
- Schneekoppe flüssige Süßkraft
- 1–2 TL Kakao zum Bestreuen

Zubereitungszeit 95 Minuten

❶ Für denTeig 1/4 Liter Wasser mit Fett und Meersalz aufkochen. Das Mehl dazugeben und mit einem Holzlöffel rühren, bis sich der Teig als Kloß vom Topfboden löst und ein weißer Belag auf dem Boden zu sehen ist. Den Topf von der Kochstelle nehmen und 1 Ei unterrühren und abkühlen lassen. Nacheinander die restlichen Eier unterrühren.

❷ Ein Backblech mit Backpapier auslegen. Den Backofen auf 200 °C (Umluft 175 °C, Gas Stufe 3) vorheizen. Mit einem Spritzbeutel mit großer Sterntülle 12 Tupfen auf das Blech spritzen und etwa 25 Minuten backen. Windbeutel mit einer Küchenschere auseinanderschneiden und ganz abkühlen lassen.

❸ Schokolade in eine Schüssel bröckeln und mit dem Öl im warmen Wasserbad schmelzen. In einen kleinen Gefrierbeutel geben und an einer Seite eine kleine Ecke abschneiden. Schokolade über die oberen Windbeutelhälften gießen und fest werden lassen.

❹ Sahne mit Espressopulver und Johannisbrotkernmehl steif schlagen. Mit flüssiger Süßkraft abschmecken. Mit einem Spritzbeutel in die unteren Hälften spritzen. Die Deckel darauf setzen und dünn mit Kakao bestreuen.

► **Pro Stück**
598/143 kJ/kcal • 3 g Eiweiß
10 g Fett • 8 g Kohlenhydrate
1 g Ballaststoffe • 1 BE

Ein luftiger Traum zergeht auf dem Gaumen: Der Windbeutel mit Mokkasahne (Seite 53).

Nusshörnchen

Für wohlgeformte Hörnchen den Teig zu einem Kreis von 35 Zentimeter Durchmesser ausrollen. Den Kreis in 8 Dreiecke teilen. Jedes Dreieck an der breiten Seite etwas stärker ausrollen und von der breiten Seite her zu Hörnchen aufrollen.

Für 8 Stück

Hefeteig:

- **125 g feines Weizenvollkornmehl**
- **125 g Weizenmehl**
- **30 g Schneekoppe Fruchtzucker**
- **1 Päckchen Trockenhefe**
- **1 TL abgeriebene Zitronenschale**
- **125 ml fettarme Milch**
- **1/2 TL Schneekoppe flüssige Süßkraft**
- **1 Prise Schneekoppe Meersalz mit Jod und Fluor**
- **40 g Butter oder Diätmargarine**
- **1 Ei**

Füllung:

- **70 g Haselnusskerne**
- **70 ml fettarme Milch**
- **2 TL Weizengrieß**
- **2 TL Schneekoppe Süßer Frühstücksaufstrich**
- **1/4 TL Zimtpulver**
- **Schneekoppe flüssige Süßkraft**
- **1 Eigelb**
- **1 EL Milch**
- **20 g Haselnussblättchen**

Zubereitungszeit 80 Minuten

❶ Beide Mehlsorten, Fruchtzucker, Trockenhefe und Zitronenschale in einer Rührschüssel vermischen.

❷ Die Milch mit flüssiger Süßkraft, Salz und Fett erwärmen. Das Ei unterquirlen und die Flüssigkeit zum Mehl geben und verkneten. Abgedeckt 30 Minuten gehen lassen, bis sich das Volumen verdoppelt hat.

❸ Nüsse fein hacken. Milch aufkochen und den Grieß einrühren. Nüsse, Frühstücksaufstrich und Zimt dazugeben und einmal aufkochen lassen. Mit flüssiger Süßkraft abschmecken. Den Teig ausrollen und in acht Dreiecke teilen. Jeweils etwas Füllung auf die Dreiecke geben und zu Hörnchen aufrollen.

❹ Ein Blech mit Backpapier auslegen. Hörnchen darauf weitere 15 Minuten gehen lassen. Backofen auf 200 °C (Umluft 175 °C, Gas Stufe 3) vorheizen. Eigelb und Milch verquirlen, die Hörnchen damit bestreichen. Mit den Haselnussblättchen bestreuen. Die Hörnchen im Backofen etwa 20 Minuten backen.

► **Pro Stück**
1162/278 kJ/kcal • 7 g Eiweiß
13 g Fett • 29 g Kohlenhydrate
3 g Ballaststoffe • 2,5 BE

SAFRANZOPF

Für 25 Scheiben
500 g Weizenmehl
1/2 Würfel Hefe (21 g)
50 g Schneekoppe Fruchtzucker
200 ml fettarme Milch
2 Eier
1 Päckchen gemahlener Safran
5 EL Schneekoppe Sonnenblumenöl
1 TL Schneekoppe Meersalz mit Jod und Fluor
1/2 TL gemahlener Anis
50 g Korinthen
1 EL Milch zum Bestreichen
1 EL Sesamsaat zum Bestreuen

Zubereitungszeit 150 Minuten

❶ Das Mehl in eine Schüssel geben, in die Mitte eine Mulde drücken und die Hefe hineinbröckeln. 1 Teelöffel Fruchtzucker dazugeben. Die Milch erwärmen. Hefe mit der lauwarmen Milch und etwas Mehl vom Rand zum Vorteig rühren. Etwa 20 Minuten abgedeckt an einem warmen Ort gehen lassen.

❷ 1 Ei trennen. Den Safran in 1 Esslöffel Wasser auflösen. Den restlichen Fruchtzucker, Sonnenblumenöl, Meersalz, 1 Ei, 1 Eiweiß, Safran, Anis und Korinthen zum Vorteig geben. Mit den Knethaken des Handrührers zu einem glatten Teig kneten. Den Teig etwa 45 Minuten gehen lassen, bis sich das Teigvolumen verdoppelt hat.

❸ Ein Backblech mit Backpapier auslegen. Den Backofen auf 200 °C (Umluft 175 °C, Gas Stufe 3) vorheizen.

❹ Den Teig mit den Händen durchkneten und zu drei Strängen formen. Diese zu einem Zopf flechten. Den Zopf auf das Backblech legen und weitere 20 Minuten gehen lassen.

❺ Das Eigelb mit Milch verquirlen und den Zopf damit bestreichen. Mit Sesamsaat bestreuen. Den Zopf im Backofen etwa 35 Minuten backen, eventuell zwischendurch mit Backpapier abdecken.

► **Pro Stück**
502/120 kJ/kcal • 3 g Eiweiß
3 g Fett • 18 g Kohlenhydrate
1 g Ballaststoffe • 1,5 BE

Der Safranzopf schmeckt herrlich zum Sonntags-Frühstück – nicht nur an Ostern.

FRISCH & FRUCHTIG

ERDBEER-BISKUITROLLE

Für 18 Stücke
Biskuitteig:

- 4 Eier
- 100 g Schneekoppe Fruchtzucker
- 1 Prise Schneekoppe Meersalz mit Jod und Fluor
- 70 g Dinkelmehl, 40 g Speisestärke
- 1 Messerspitze Backpulver

Erdbeer-Quarkcreme:

- 5 Blatt weiße Gelatine
- 500 g reife Erdbeeren
- 3 EL Limettensaft
- 40 g Schneekoppe Erdbeerkonfitüre
- 300 g Creme-Quark (0,2 % Fett)
- Schneekoppe flüssige Süßkraft
- 125 g Sahne

Zubereitungszeit 90 Minuten

❶ Ein Backblech mit Backpapier auslegen. Den Backofen auf 200 °C (Umluft 175 °C, Gas Stufe 3) vorheizen. Die Eier trennen. Eigelbe, 4 Esslöffel heißes Wasser und Fruchtzucker in etwa 5 Minuten schaumig schlagen. Eiweiß mit Salz sehr steif schlagen und auf die Eigelbcreme geben. Mehl, Speisestärke und Backpulver auf das Eiweiß sieben. Alles locker unterheben.

❷ Biskuitmasse auf das Blech streichen. Im Ofen 12 bis 15 Minuten backen. Auf ein Tuch stürzen und das Papier abziehen. Vorsichtig aufrollen und auskühlen lassen.

❸ Gelatine in Wasser einweichen. Erdbeeren waschen und putzen. 150 Gramm Erdbeeren mit Limettensaft und Konfitüre pürieren. Restliche Erdbeeren klein schneiden. Gelatine ausdrücken und unter Erhitzen auflösen. Etwas Erdbeerpüree in die heiße Gelatine mengen. Die Gelatinemasse unter das Erdbeerpüree rühren, die Erdbeerstücke und den Quark unterrühren.

❹ Die Creme mit flüssiger Süßkraft abschmecken und kalt stellen. Die Sahne steif schlagen. Wenn die Creme zu gelieren anfängt, die Sahne unterheben. Die Biskuitplatte entrollen. Die Creme darauf streichen. Biskuitplatte aufrollen und die Rolle kalt stellen.

► **Pro Stück**
493/118 kJ/kcal • 6 g Eiweiß
4 g Fett • 14 g Kohlenhydrate
1 g Ballaststoffe • 1,5 BE

TIPP

Statt Erdbeeren können Sie für die Creme auch die gleiche Menge Walderdbeeren verwenden.

Rhabarber-Nuss-Kuchen

Das Nussbaiser wird im Vergleich zu Baiser, das mit Haushaltszucker zubereitet wird, nach dem Backen rasch wieder weich, da das in der Diabetiker-Süße enthaltene Sorbit wasseranziehend ist. Deshalb sollten Sie den Kuchen möglichst frisch essen. Oder wärmen Sie den Kuchen vor dem Verzehr im vorgeheizten Backofen einige Minuten auf.

Für 24 Stücke
1,5 kg Rhabarber

Rührteig:
250 g Butter oder Diätmargarine
200 g Schneekoppe Fruchtzucker
2 Prisen Schneekoppe Meersalz mit Jod und Fluor
2 TL abgeriebene Schale von 1 unbehandelten Zitrone
300 g Weizenmehl
100 g gemahlene Haselnusskerne
4 TL Backpulver
6 Eier
6 EL Milch
Fett für die Form

Nussbaiser:
5 Eiweiß
250 g Schneekoppe Diabetiker-Süße
5 EL gemahlene Haselnusskerne
2 EL Haselnussblättchen zum Bestreuen

Zubereitungszeit 125 Minuten

❶ Rhabarber waschen, putzen und in Stücke schneiden. Eine Saftpfanne (35 x 35 Zentimeter) einfetten.

❷ Den Backofen auf 175 °C (Umluft 150 °C, Gas Stufe 2) vorheizen.

❸ Das weiche Fett schlagen. Den Fruchtzucker bis auf 2 Esslöffel, Meersalz und Zitronenschale unterrühren. Mehl, Haselnüsse und Backpulver mischen. Eier nach und nach abwechselnd mit Mehl und Milch unter das Fett rühren.

❹ Teig in die Pfanne füllen und glatt streichen. Rhabarber darauf verteilen und mit restlichem Fruchtzucker bestreuen. Im Backofen 45 bis 50 Minuten backen. Eiweiß mit Diabetiker-Süße steif schlagen und die Haselnüsse unterheben.

❺ Die Masse auf dem heißen Kuchen verstreichen. Haselnussblättchen darüber streuen. Weitere 20 bis 25 Minuten backen, bis das Baiser leicht bräunt und knusprig wird.

► **Pro Stück**
1200/287 kJ/kcal • 6 g Eiweiß
15 g Fett • 30 g Kohlenhydrate
2 g Ballaststoffe • 2,5 BE

Mohn-Kirsch-Kuchen

Für 12 Stücke
6 Eier
250 g Mohn
250 g Sauerkirschen (oder tiefgekühlte Kirschen)
150 g Butter oder Diätmargarine
125 g Schneekoppe Fruchtzucker
1 Prise Schneekoppe Meersalz mit Jod und Fluor
Schneekoppe flüssige Süßkraft
100 g Weizenvollkornmehl
2 TL Backpulver
Fett für die Form
50 g Schneekoppe Kirschkonfitüre
1 Päckchen rotes Tortengusspulver

Zubereitungszeit 90 Minuten

❶ Die Eier trennen und den Mohn mahlen. Den Boden einer Springform (26 Zentimeter Durchmesser) mit Backpapier auslegen, den Rand einfetten. Den Backofen auf 175 °C (Umluft 150 °C, Gas Stufe 2) vorheizen.

❷ Kirschen waschen und entsteinen. Tiefgekühlte Kirschen auftauen und abtropfen lassen. Das weiche Fett schaumig schlagen. Die Hälfte des Fruchtzuckers unterrühren. Ein Eigelb nach dem anderen unterrühren. Eiweiß mit Meersalz und 1/4 Teelöffel flüssiger Süßkraft steif schlagen, dabei den restlichen Fruchtzucker einrieseln lassen. Den Eischnee auf die Eigelbcreme geben. Mehl mit Backpulver und Mohn mischen, auf das Eiweiß geben und locker unterheben.

❸ Den Teig in die Form füllen und glatt streichen. Kirschen darauf verteilen. Im Backofen etwa 50 Minuten backen. Auf einem Kuchengitter erkalten lassen. 150 Milliliter kaltes Wasser, Kirschkonfitüre und Tortengusspulver verrühren, aufkochen und kurz abkühlen lassen. Auf dem Kuchen verteilen und fest werden lassen.

► **Pro Stück**
1475/353 kJ/kcal • 9 g Eiweiß
23 g Fett • 24 g Kohlenhydrate
3 g Ballaststoffe • 2 BE

Wenn Sie keine Mohnmühle besitzen, können Sie den Mohn entweder in einer sauberen Kaffeemühle oder im Blitzhacker frisch mahlen.

Aprikosentarte

TIPP

Die Tarte schmeckt auch mit gelben oder blauen Pflaumen hervorragend. Statt Likör können Sie die gleiche Menge Wasser nehmen. Die Tarte vor dem Servieren mit Fruchtzucker bestreuen.

Ein Klassiker, der nie aus der Mode kommt, ist diese Hefeteigtarte mit Aprikosen und Sahne (Seite 61).

Für 12 Stücke

Hefeteig:

125 g Weizenmehl
125 g feines Weizenvollkornmehl
1/2 Würfel Hefe (21 g)
1 EL Schneekoppe Fruchtzucker
125 ml fettarme Milch
2 EL Schneekoppe Sonnenblumenöl
2 Prisen Schneekoppe Meersalz mit Jod und Fluor
Öl für die Form

Füllung:

1 kg reife Aprikosen
4 Stück Schneekoppe Zwieback
1/2 TL Zimtpulver
2 Eier, 150 g Sahne
1 EL Schneekoppe Fruchtzucker
2 EL Mandelblättchen
60 g Schneekoppe Aprikosenkonfitüre
2 EL Orangenlikör zum Bestreichen

Zubereitungszeit 110 Minuten

❶ Mehl in eine Schüssel geben, in die Mitte eine Mulde drücken und die Hefe hineinbröckeln. Den Fruchtzucker dazugeben. Die Milch erwärmen. Hefe mit der lauwarmen Milch und etwas Mehl vom Rand zum Vorteig rühren. Etwa 15 Minuten gehen lassen. Öl und Salz dazugeben und verkneten. Abgedeckt etwa 40 Minuten gehen lassen.

❷ Die Aprikosen überbrühen, kurz stehen lassen, abziehen, halbieren und entsteinen. Zwieback fein zerkrümeln. Eine Tarteform (28 x 30 Zentimeter Durchmesser) einölen. Den Backofen auf 200 °C (Umluft 175 °C, Gas Stufe 3) vorheizen.

❸ Den Teig ausrollen und in die Form legen, dabei einen kleinen Rand hochziehen. Zwiebackbrösel mit Zimt mischen und darauf verteilen. Eier, Sahne und Fruchtzucker verquirlen und darauf gießen. Aprikosenhälften darauf verteilen. Mandeln darüber streuen. Im Ofen 30 bis 35 Minuten backen. Konfitüre und Likör verrühren und aufkochen. Den heißen Kuchen damit bestreichen und auskühlen lassen.

► **Pro Stück**
1003/240 kJ/kcal • 6 g Eiweiß
8 g Fett • 31 g Kohlenhydrate
4 g Ballaststoffe • 2,5 BE

Pfirsiche im Nussteig

Die Süßkraft von Fruchtzucker ist temperaturabhängig. Je wärmer das Gericht ist, desto weniger süß schmeckt es. Ein abgekühlter Kuchen wird daher süßer schmecken, als wenn Sie ihn ganz frisch aus dem Ofen verzehren.

Für 6 Stücke

- **2 reife kleine Pfirsiche**
- **2 Eier**
- **80 g Butter oder Diätmargarine**
- **40 g Schneekoppe Fruchtzucker**
- **1 TL Schneekoppe flüssige Süßkraft**
- **70 g gemahlene Haselnüsse**
- **80 g Weizenmehl**
- **1 1/2 TL Backpulver**
- **1/2 TL Zimtpulver**
- **2 EL Milch**
- **1 Prise Schneekoppe Meersalz mit Jod und Fluor**

Zubereitungszeit 85 Minuten

❶ Die Pfirsiche mit kochendem Wasser überbrühen und die Haut abziehen.

❷ Die Pfirsiche halbieren und den Stein herauslösen. Die Hälften in dicke Spalten schneiden. Die Eier trennen.

❸ Eine kleine Springform (20 Zentimeter Durchmesser) einfetten. Den Backofen auf 175 °C (Umluft 150 °C, Gas Stufe 2) vorheizen.

❹ Das weiche Fett mit den Quirlen des Handrührers schaumig schlagen. Den Fruchtzucker unterrühren und weiterschlagen.

❺ Ein Eigelb nach dem anderen unterrühren. Flüssige Süßkraft, Haselnüsse, Mehl, Backpulver, Zimt und Milch unterrühren.

❻ Die Eiweiße mit Meersalz zu steifem Eischnee schlagen und unter den Teig heben. Den Teig in die Form füllen.

❼ Die Pfirsichspalten kreisförmig auf dem Teig verteilen und dabei etwas hineindrücken. Im Backofen etwa 40 Minuten backen. Aus dem Ofen nehmen und auf dem Kuchengitter auskühlen lassen.

► Pro Stück

1304/312 kJ/kcal • 6 g Eiweiß
21 g Fett • 22 g Kohlenhydrate
2 g Ballaststoffe • 2 BE

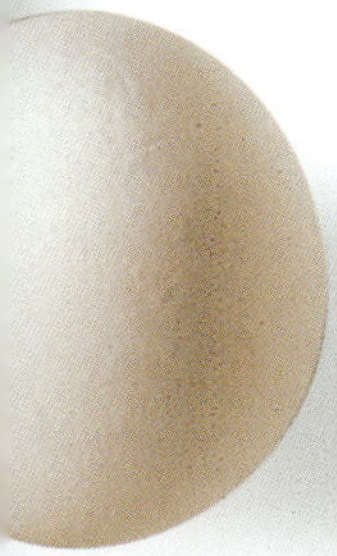

Aprikosen-Quark-Torte

Für 12 Stücke

Mürbeteig:

- je 60 g Dinkel- und Weizenmehl
- 20 g geschälte, gemahlene Mandeln
- 1 Ei, 40 g Schneekoppe Fruchtzucker
- 1 Prise Schneekoppe Meersalz mit Jod und Fluor
- 50 g Butter oder Diätmargarine
- etwas Mehl für die Arbeitsfläche
- Hülsenfrüchte zum Blindbacken

Belag:

- 2 Eier, 200 g Magerquark
- 15 g Vanille-Puddingpulver
- 1/4 TL Schneekoppe flüssige Süßkraft
- 1 TL abgeriebene Schale von 1 unbehandelten Zitrone
- 1–2 EL Zitronensaft
- 1 Prise Schneekoppe Meersalz mit Jod und Fluor
- 20 g Schneekoppe Fruchtzucker
- 1 EL Semmelbrösel
- 200 g ungezuckerte Aprikosenhälften (Dose)

Zubereitungszeit 110 Minuten

❶ Mehl, Mandeln, Ei, Fruchtzucker, Meersalz und Fett rasch verkneten. In Folie wickeln und etwa 30 Minuten kalt stellen.

❷ Eine kleine Springform (20 Zentimeter Durchmesser) mit Backpapier auslegen. Den Backofen auf 200 °C (Umluft 175 °C, Gas Stufe 3) vorheizen. Den Teig auf wenig Mehl ausrollen, in die Form geben, dabei einen Rand hoch drücken. Teigboden mit Backpapier und Hülsenfrüchten bedecken. Im Backofen etwa 15 Minuten vorbacken.

❸ Die Eier trennen. Quark mit Eigelben, Puddingpulver, flüssiger Süßkraft, Zitronenschale und -saft verrühren. Eiweiß mit Meersalz und Fruchtzucker steif schlagen. Den Eischnee unterheben. Papier und Hülsenfrüchte entfernen. Mit Semmelbröseln bestreuen. Aprikosen darauf verteilen. Quarkmasse darauf streichen. Weitere 25 bis 30 Minuten backen.

► Pro Stück
970/232 kJ/kcal
8 g Eiweiß
9 g Fett
26 g Kohlenhydrate
1 g Ballaststoffe
2,5 BE

Für geschälte, gemahlene Mandeln die ganzen Mandeln mit kochendem Wasser übergießen und 2–3 Minuten stehen lassen. Die Mandeln in einem Sieb abtropfen lassen und die weißen Kerne mit den Fingern aus der Schale drücken und fein mahlen.

Johannisbeer-Tartelettes

Wenn es schnell gehen soll, können Sie den Füchtetee einfach durch Wasser ersetzen.

Für 8 Stück

Biskuit-Tartelettes:
- 25 g Butter oder Diätmargarine
- 2 Eier
- 50 g Schneekoppe Fruchtzucker
- 1 Prise Schneekoppe Meersalz mit Jod und Fluor
- 40 g feines Weizenvollkornmehl
- 20 g Speisestärke
- 1 Prise Backpulver
- Fett für die Förmchen

Vanillepudding:
- 500 ml fettarme Milch
- 1 Päckchen Vanille-Puddingpulver
- 1/4 TL Schneekoppe flüssige Süßkraft

Johannisbeerkompott:
- 250 g rote Johannisbeeren
- 50 ml Früchtetee
- 60 g Schneekoppe 3:1 Gelierzucker
- Schneekoppe flüssige Süßkraft
- 1 EL gehackte grüne Pistazienkerne zum Bestreuen

Zubereitungszeit 80 Minuten

Die säuerliche Frische ihrer Früchte macht die Johannisbeer-Tartelettes zu einem herrlich leichten Sommergenuss (Seite 65).

❶ Das Fett schmelzen, Eier trennen. Eigelbe, 2 Esslöffel heißes Wasser und Fruchtzucker in etwa 5 Minuten dickschaumig schlagen. Flüssiges, abgekühltes Fett unterrühren.

❷ Eiweiß mit Meersalz sehr steif schlagen und darauf geben. Mehl, Speisestärke und Backpulver auf das Eiweiß sieben und unterheben. 8 Tarteletteförmchen (8 Zentimeter Durchmesser) einfetten. Den Ofen auf 175 °C (Umluft 150 °C, Gas Stufe 2) vorheizen. Den Teig auf die Förmchen verteilen. Etwa 10 Minuten backen. Kurz abkühlen lassen. Tarteletts aus den Förmchen stürzen, auskühlen lassen.

❸ 400 Milliliter Milch aufkochen. Puddingpulver und restliche kalte Milch verrühren, in die warme Milch einrühren und etwa 1 Minute kochen lassen. Mit flüssiger Süßkraft abschmecken. Auf den Tartelettes verteilen. Johannisbeeren waschen. Mit Früchtetee und Gelierzucker aufkochen. Unter Rühren 3 Minuten kochen lassen. Mit flüssiger Süßkraft abschmecken. Auf dem Pudding verteilen und erstarren lassen. Mit Pistazien garnieren.

► **Pro Stück**
836/200 kJ/kcal • 5 g Eiweiß
6 g Fett • 29 g Kohlenhydrate
2 g Ballaststoffe • 2,5 BE

Apfel-Streusel-Kuchen

Verwenden Sie für diesen Kuchen eine säuerliche Apfelsorte. Gut eignet sich z. B. Boskoop.

Für 14 Stücke

- 250 g Butter oder Diätmargarine
- 3 Stück Schneekoppe Zwieback
- 200 g feines Weizenvollkornmehl
- 250 g Weizenmehl
- 50 g gemahlene Mandeln
- 1 Päckchen Backpulver
- 150 g Schneekoppe Fruchtzucker
- 1/2 TL Schneekoppe flüssige Süßkraft
- 1 TL abgeriebene Schale von 1 unbehandelten Zitrone
- 1 Prise Schneekoppe Meersalz mit Jod und Fluor
- 2 TL Zimtpulver, 1 Ei
- 750 g Äpfel, 2–3 EL Zitronensaft
- 1 EL Mandelstifte
- 50 g Schneekoppe Aprikosenkonfitüre zum Bestreichen

Zubereitungszeit 90 Minuten

❶ Fett schmelzen und etwas abkühlen lassen. Zwieback fein zerkrümeln. Beide Mehlsorten, Mandeln, Backpulver, Fruchtzucker, flüssige Süßkraft, Zitronenschale, Salz und Zimt mischen. Flüssiges Fett und Ei dazugeben und die Zutaten zu Streuseln verarbeiten.

❷ Eine Springform (28 Zentimeter Durchmesser) mit Backpapier auslegen. Ofen auf 200 °C (Umluft 175 °C, Gas Stufe 3) vorheizen. Äpfel schälen, vierteln, entkernen und die Viertel in Spalten schneiden. Mit Zitronensaft beträufeln.

❸ Die Hälfte der Krümel in die Form drücken. Mit den Zwiebackbröseln bestreuen. Äpfel, die restlichen Streusel und die Mandelstifte darüber streuen. Etwa 45 Minuten backen. Konfitüre mit 4 Esslöffeln Wasser aufkochen und den Kuchen damit bestreichen.

► **Pro Stück**
1480/354 kJ/kcal • 5 g Eiweiß
18 g Fett • 38 g Kohlenhydrate
4 g Ballaststoffe • 3,5 BE

Baskischer Kirschkuchen

Für 12 Stücke
Mürbeteig:
150 g Weizenmehl
150 g feines Weizenvollkornmehl
150 g Schneekoppe Fruchtzucker
1 Prise Schneekoppe Meersalz mit Jod und Fluor
200 g Butter oder Diätmargarine
1 Ei
Mehl für die Arbeitsfläche
Füllung:
400 g Schneekoppe Kirschkonfitüre
1 EL Sahne zum Bestreichen

Zubereitungszeit 90 Minuten

❶ Beide Mehlsorten, Fruchtzucker, Meersalz, Fett und Ei in einer Schüssel zuerst mit den Knethaken des Handrührers, dann mit den Händen rasch zu einem Mürbeteig kneten. Den Teig in Folie wickeln und etwa 30 Minuten kalt stellen.

❷ Zwei Drittel des Teiges auf wenig Mehl etwas größer als die Pie- oder Springform (28 Zentimeter Durchmesser) ausrollen und in die Form legen, dabei einen kleinen Rand hoch drücken. Die Konfitüre darauf verstreichen.

❸ Den Backofen auf 200 °C (Umluft 175 °C, Gas Stufe 3) vorheizen. Restlichen Teig länglich ausrollen. Mit einem Teigrädchen Streifen ausradeln und als Gitter auf die Konfitüre legen. Das Teiggitter mit Sahne bestreichen. Den Kuchen im Backofen etwa 50 Minuten backen, eventuell mit Backpapier abdecken, falls er zu stark bräunt.

► **Pro Stück**
1355/324 kJ/kcal • 4 g Eiweiß
15 g Fett • 40 g Kohlenhydrate
2 g Ballaststoffe • 3,5 BE

Mürbeteig sollten Sie immer größer als die Form ausrollen, damit Sie mit dem überstehenden Teig leichter einen Rand hochziehen können.

Mango-Kokos-Torte

Wer die Torte etwas kalorien- und fettärmer mag, hebt anstatt Sahne Eischnee aus 2 Eiweiß unter die Creme. Und wer keine ungesüßte Kokosmilch bekommt, lässt sie einfach weg und gibt 50 Gramm mehr Quark zur Creme.

Für 12 Stücke

Rührteig:

100 g Butter oder Margarine
40 g Schneekoppe Fruchtzucker
1 TL Schneekoppe flüssige Süßkraft
2 Eier, 70 g Dinkelmehl
30 g Kokosraspel, 1 TL Backpulver
1 Prise Schneekoppe Meersalz mit Jod und Fluor
Fett für die Form

Belag:

30 g Kokosraspel
2 kleine Mango (etwa 750 g)
50 ml frisch gepresster Orangensaft
2–3 TL Limettensaft
450 g Magerquark
50 g ungesüßte Kokosmilch (Dose)
Schneekoppe flüssige Süßkraft
8 Blatt weiße Gelatine
200 g Sahne

Zubereitungszeit 75 Minuten
Kühlzeit 3 Stunden

❶ Eine Springform (26 Zentimeter Durchmesser) einfetten. Backofen auf 175 °C (Umluft 150 °C, Gas Stufe 2) vorheizen. Das weiche Fett schaumig schlagen. Fruchtzucker und flüssige Süßkraft dazugeben und weiterrühren. Eier abwechselnd mit 1 Esslöffel Mehl unterrühren. Restliches Mehl, Kokosraspel, Backpulver und Meersalz kurz unterrühren. Teig in die Form füllen und glatt streichen. Im Backofen 15 bis 18 Minuten backen. In der Form abkühlen lassen.

❷ Kokosraspel in einer Pfanne bräunen, abkühlen lassen. Mango schälen, Fruchtfleisch vom Kern schneiden. 200 Gramm Fruchtfleisch würfeln und beiseite stellen. Restliches Fruchtfleisch mit dem Saft pürieren. Quark, Kokosmilch, Mangowürfel und die Hälfte der Kokosraspel unterrühren. Mit flüssiger Süßkraft abschmecken.

❸ Gelatine einweichen, auflösen und in die Creme rühren. Sahne steif schlagen und unter die gelierende Creme heben. Den Tortenboden mit Creme bestreichen und 3 Stunden kalt stellen. Mit restlichen Kokosraspeln bestreuen.

► **Pro Stück**
1141/273 kJ/kcal • 10 g Eiweiß
15 g Fett • 20 g Kohlenhydrate
2 g Ballaststoffe • 2 BE

Mit der Mango-Kokos-Torte zaubern Sie sich einen Hauch Karibik auf den Tisch ***(Seite 69).***

SCHOKOLADEN-BLAUBEER-KUCHEN

Für 12 Stücke

150 g Schneekoppe Zartbitter-Schokolade
100 g Butter oder Diätmargarine
50 g Schneekoppe Diabetiker-Süße
1 TL Schneekoppe flüssige Süßkraft
5 Eier
125 g gemahlene Mandeln
50 g feines Weizenvollkornmehl
1 TL Backpulver
1 Prise Schneekoppe Meersalz mit Jod und Fluor
200 g frische oder tiefgekühlte Blaubeeren
1 EL Schneekoppe Diabetiker-Süße zum Bestreuen

Zubereitungszeit 65 Minuten

1. Schokolade in eine Schüssel bröckeln und im warmen Wasserbad schmelzen.

2. Das Fett mit den Quirlen des Handrührers schaumig schlagen. Diabetiker-Süße und flüssige Süßkraft dazugeben und weiterschlagen. Die Eier trennen.

3. Ein Eigelb nach dem anderen unterrühren. Mandeln, Mehl, Backpulver und Salz mischen. Die Mischung abwechselnd mit der flüssigen Schokolade unter die Eigelbcreme heben.

4. Frische Blaubeeren verlesen und waschen. Eine Springform (26 Zentimeter Durchmesser) mit Backpapier auslegen. Den Backofen auf 200 °C (Umluft 175 °C, Gas Stufe 3) vorheizen.

5. Das Eiweiß mit den Quirlen des Handrührers steif schlagen. Den Eischnee in zwei Portionen unter den Teig heben. Den Teig in die Form füllen und glatt streichen. Die Blaubeeren (tiefgekühlte Beeren unaufgetaut) darauf verteilen.

6. Den Kuchen im vorgeheizten Backofen etwa 35 Minuten backen. Den Kuchen aus dem Backofen nehmen und auf einem Kuchengitter auskühlen lassen. Den Kuchen mit der Diabetiker-Süße bestreuen.

► **Pro Stück**
1191/285 kJ/kcal • 7 g Eiweiß
19 g Fett • 19 g Kohlenhydrate
3 g Ballaststoffe • 1,5 BE

Ob der Kuchen gar ist, können Sie mit der Stäbchenprobe nachprüfen: Stechen Sie einige Minuten vor Ende der Garzeit mit einem Holzstäbchen in den Kuchen. Wenn keine Teigreste daran hängen bleiben, ist der Kuchen gar.

SCHOKOLADEN-GUGELHUPF

Vor dem endgültigen Formen wird der Hefeteig noch einmal durchgeknetet, damit er eine feine Porung bekommt.

Für 16 Stücke

- 200 g Weizenmehl (Type 1050)
- 200 g feines Weizenvollkornmehl
- 1/2 Würfel Hefe (21 g)
- 200 ml fettarme Milch
- 70 g Schneekoppe Fruchtzucker
- Butter oder Diätmargarine und 15 g Mandelblättchen für die Form
- 3 Eier
- 100 g Butter oder Diätmargarine
- 1 Prise Schneekoppe Meersalz mit Jod und Fluor
- 75 g Schneekoppe Zartbitter-Schokolade
- 40 g gehackte Mandeln
- Schneekoppe Diabetiker-Süße zum Bestreuen

Zubereitungszeit 135 Minuten

❶ Beide Mehlsorten in eine Schüssel geben, in die Mitte eine Mulde drücken und die Hefe hineinbröckeln. Die Milch erwärmen. 1 Teelöffel Fruchtzucker und lauwarme Milch zugeben und mit etwas Mehl vom Rand zu einem Vorteig rühren. Vorteig abgedeckt etwa 15 Minuten gehen lassen.

❷ Eine Gugelhupfform (2 Liter Inhalt) einfetten, mit Mandelblättchen ausstreuen und kühl stellen.

❸ Eier, weiches Fett, restlichen Fruchtzucker und Meersalz unter den Vorteig kneten. Schokolade grob hacken und mit den Mandeln unterkneten. Den Teig in der Form etwa 1 Stunde gehen lassen, bis sich das Volumen verdoppelt hat. Den Backofen auf 200 °C (Umluft 175 °C, Gas Stufe 3) vorheizen.

❹ Den Kuchen etwa 40 Minuten backen, dabei zwischendurch mit Backpapier abdecken. Etwa 15 Minuten in der Form abkühlen lassen, dann auf ein Kuchengitter stürzen. Eventuell mit Diabetiker-Süße bestreuen.

► **Pro Stück**
936/224 kJ/kcal • 6 g Eiweiß
10 g Fett • 24 g Kohlenhydrate
2 g Ballaststoffe • 2 BE

Rehrücken

Für 22 Stücke
125 g Schneekoppe Zwieback
100 g Schneekoppe Zartbitter-Schokolade
100 g Butter oder Margarine
80 g Schneekoppe Fruchtzucker
5 Eier
1/2 TL Schneekoppe flüssige Süßkraft
3 EL Weizenvollkornmehl
1/2 Päckchen Backpulver
4–6 Tropfen Rumaroma
Fett und 1–2 EL Semmelbrösel für die Form
40 g Mandelstifte
Glasur:
100 g Schneekoppe Zartbitter-Schokolade, 10 g Kokosfett

Zubereitungszeit 85 Minuten

❶ Zwieback und Schokolade zerbröckeln und im Blitzhacker fein mahlen. Eine Rehrückenform oder eine Kastenform einfetten und mit den Semmelbröseln ausstreuen. Den Backofen auf 175 °C (Umluft 150 °C, Gas Stufe 2) vorheizen.

❷ Das weiche Fett schaumig schlagen. Fruchtzucker dazugeben und weiterschlagen. Ein Ei nach dem anderen unterrühren. Flüssige Süßkraft, Mehl, Backpulver, Rumaroma, Zwieback und Schokolade abwechselnd unterrühren.

❸ Den Teig in die Form füllen und glatt streichen. Im Backofen 45 bis 50 Minuten backen. Den Rehrücken einige Minuten in der Form abkühlen lassen, dann aus der Form auf ein Kuchengitter stürzen und vollständig abkühlen lassen.

❹ Mandelstifte hellbraun rösten und abkühlen lassen. Die Schokolade in einer Schüssel mit dem Kokosfett schmelzen und den Kuchen damit überziehen. Die Mandelstifte hineinstecken und die Glasur fest werden lassen.

► **Pro Stück**
668/159 kJ/kcal • 4 g Eiweiß
10 g Fett
12 g Kohlenhydrate
1 g Ballaststoffe
1 BE

Das Rösten von Nüssen oder Mandeln verstärkt deren feinen Eigengeschmack. Kleine Mengen können Sie in der Pfanne ohne Fett und unter ständigem Rühren bei schwacher Hitze rösten. Größere Mengen können Sie auf einem Blech im vorgeheizten Backofen bei 175 °C in 5 bis 10 Minuten rösten.

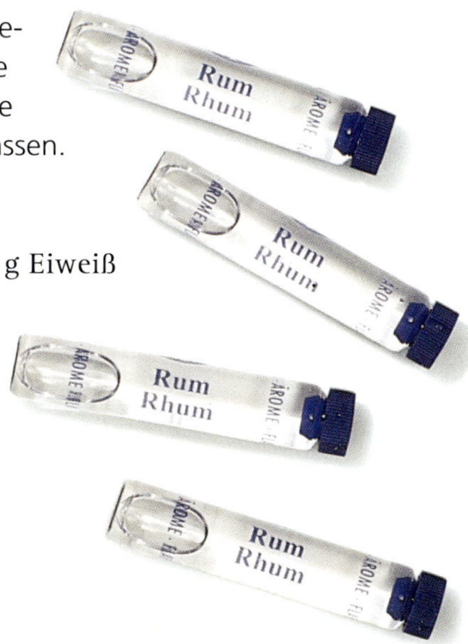

Marmorierter Schokoladen-Käsekuchen

TIPP

Der Kuchen ist gar, auch wenn er sich nach dem Backen noch sehr feucht anfühlt – genau das macht ihn so cremig und zart. Deshalb muss er ganz abgekühlt sein, bevor Sie ihn anschneiden.

Für 10 Stücke

Krümelboden:

80 g Schneekoppe Mürbekekse
40 g Butter oder Diätmargarine
Fett für die Form

Schokoladenfüllung:

120 g Schneekoppe Vollmilch-Schokolade
35 g Butter
50 g Walnüsse, 2 Eier
80 g Schneekoppe Diabetiker-Süße
80 g Weizenmehl
1/2 TL Backpulver
1 Prise Schneekoppe Meersalz mit Jod und Fluor

Käsefüllung:

25 g Butter
80 g Doppelrahm-Frischkäse
50 g Schneekoppe Diabetiker-Süße
1 Ei, 30 g Weizenmehl
1/2 TL gemahlene Bourbon-Vanille

Zubereitungszeit 95 Minuten

❶ Die Kekse in einen Gefrierbeutel geben, fein zerkrümeln und mit weichem Fett zu Krümeln verarbeiten. Den Boden einer kleinen Spring-form (20 Zentimeter Durchmesser) mit Backpapier auslegen, die Ränder einfetten. Die Krümel mit einem Esslöffel auf den Boden drücken und die Form kalt stellen.

❷ Die Schokolade in eine Schüssel bröckeln. Im warmen Wasserbad mit der Butter langsam schmelzen lassen. Die Walnüsse grob hacken.

❸ Eier und Diabetiker-Süße schaumig schlagen. Mehl, Backpulver, Meersalz, Schokolade und Walnüsse unterrühren. Die weiche Butter und den Frischkäse schaumig schlagen. Diabetiker-Süße, Ei, Mehl und Bourbon-Vanille unterrühren. Backofen auf 175 °C (Umluft 150 °C, Gas Stufe 2) vorheizen.

❹ Zuerst die Schokoladenfüllung auf dem Keksboden verteilen, die Käsefüllung darauf geben. Mit einer Gabel beide Füllungen etwas verrühren, so dass ein Marmoreffekt entsteht. Im Backofen 40 bis 45 Minuten backen. Den Kuchen in der Form vollständig auskühlen lassen.

► **Pro Stück**
1409/337 kJ/kcal • 7 g Eiweiß
19 g Fett • 32 g Kohlenhydrate
1 g Ballaststoffe • 2,5 BE

Ein Hochgenuss für Augen und Gaumen: Der marmorierte Schokoladen-Käsekuchen (Seite 75).

Für die Schoko-Cookies ein Blech mit Backpapier auslegen, den Ofen auf 175 °C (Umluft 150 °C, Gas Stufe 2) vorheizen. Die Teighäufchen am besten mit einem Teelöffel und mit genügend Abstand zwischen den Häufchen auf das Blech setzen. Für die Brownies eine Form (20 x 20 Zentimeter) mit Backpapier auslegen. Den Teig einfüllen und glatt streichen.

Schoko-Cookies

Für 20 Stück

- 1 Vanilleschote
- 75 g Schneekoppe Vollmilch-Schokolade
- 50 g gesalzene Macadamianüsse
- 50 g Butter oder Diätmargarine
- 60 g Schneekoppe Fruchtzucker
- 1 Ei
- 50 g feines Weizenvollkornmehl
- 1/2 TL Backpulver
- 1 Prise Schneekoppe Meersalz mit Jod und Fluor

Zubereitungszeit 40 Minuten

Vanilleschote längs halbieren, das Mark herauskratzen. Schokolade und Nüsse hacken. Fett schaumig schlagen. Fruchtzucker, Vanillemark und das Ei unterrühren. Mehl, Backpulver, Salz, Schokolade und Nüsse unterziehen. 20 kleine Häufchen auf das Blech setzen. Im vorgeheizten Backofen 10 bis 15 Minuten backen.

▶ Pro Stück

322/77 kJ/kcal • 2 g Eiweiß 5 g Fett • 7 g Kohlenhydrate • 1 g Ballaststoffe • 0,5 BE

Walnuss-Brownies

Für 25 Stück

- 150 g Schneekoppe Mocca-Creme-Schokolade
- 150 g Schneekoppe Fruchtzucker
- 1/2 TL Schneekoppe flüssige Süßkraft
- 2 Eier
- 120 ml Sonnenblumenöl
- 1 Prise Schneekoppe Meersalz mit Jod und Fluor
- 1 TL flüssiges Vanillearoma
- 70 g feines Weizenvollkornmehl
- 1 TL Backpulver, 25 g Kakao
- 75 g gehackte Walnusskerne

Zubereitungszeit 50 Minuten

Schokolade schmelzen. Zucker, Süßkraft, Eier, Öl, Salz und Vanillearoma verrühren. Schokolade unterrühren. Mehl, Backpulver, Kakao darauf sieben. Mit den Nüssen untermischen. Ofen auf 175 °C (Umluft 150 °C, Gas Stufe 2) vorheizen. Teig in die Form füllen, 40 Minuten backen. Abgekühlt würfeln.

▶ Pro Stück

535/128 kJ/kcal • 2 g Eiweiß 8 g Fett • 12 g Kohlenhydrate 1 g Ballaststoffe • 1 BE

Schokoladen-Kokos-Kekse

Für 48 Stück
Rührteig:
125 g Butter oder Diätmargarine
100 g Schneekoppe Fruchtzucker
1/4 TL Schneekoppe flüssige Süßkraft
1 Ei, 100 g Weizenmehl
100 g feines Weizenvollkornmehl
1 TL Backpulver
75 g Kokosraspel
1 Prise Schneekoppe Meersalz mit Jod und Fluor
Glasur:
125 g Schneekoppe Zartbitter-Schokolade
10 g Kokosfett

Zubereitungszeit 70 Minuten

❶ Das weiche Fett mit den Quirlen des Handrührers schaumig schlagen. Mit Fruchtzucker und flüssiger Süßkraft cremig rühren. Das Ei unterrühren. Beide Mehlsorten, Backpulver, Kokosraspeln und Meersalz kurz unterrühren.

❷ Zwei Backbleche mit Backpapier auslegen. Den Backofen auf 175 °C (Umluft 150 °C, Gas Stufe 2) vorheizen.

❸ Vom Teig mit einem Teelöffel 48 Nocken abnehmen. Die Nocken zu kleinen Kugeln formen, mit etwas Abstand auf die Bleche setzen und mit einer Gabel flach drücken. Die Gabel zwischendurch in Mehl tauchen. Im Backofen etwa 15 Minuten backen. Auf einem Kuchengitter auskühlen lassen.

❹ Schokolade in eine Schüssel bröckeln und mit dem Kokosfett im warmen Wasserbad schmelzen. Jeden Keks zur Hälfte in die Schokolade tauchen und auf einem Kuchengitter abtropfen lassen.

▶ **Pro Stück**
276/66 kJ/kcal • 1 g Eiweiß
4 g Fett • 6 g Kohlenhydrate
1 g Ballaststoffe • 0,5 BE

TIPP

Falls sich beim Schmelzen der Schokolade kleine Klümpchen bilden sollten, gießen Sie die Schokolade einfach durch ein feines Sieb.

Schoko-Sauerkirsch-Muffins

Das Angebot an Muffinbackformen ist groß. In gut sortierten Haushaltswarengeschäften oder in den Haushaltswarenabteilungen der Kaufhäuser können Sie zwischen verschiedenen Größen wählen.

Für 12 Stück

80 g Schneekoppe Mocca-Creme-Schokolade
75 g Butter oder Diätmargarine
50 g Schneekoppe Fruchtzucker
1 TL Schneekoppe flüssige Süßkraft
4 Eier
3 EL Milch
200 g gemahlene Haselnüsse
30 g feines Weizenvollkornmehl
2 TL Backpulver
200 g frische Sauerkirschen (oder tiefgekühlte Kirschen)
1 Prise Schneekoppe Meersalz mit Jod und Fluor
12 Papierbackförmchen (5 Zentimeter Durchmesser)
2 TL Schneekoppe Fruchtzucker und 1/2 TL Zimtpulver zum Bestreuen

Zubereitungszeit 55 Minuten

❶ Die Schokolade auf der Haushaltsreibe grob raspeln. Weiches Fett mit den Quirlen des Handrührers schaumig schlagen.

❷ Den Fruchtzucker und flüssige Süßkraft unterrühren. Die Eier trennen. Ein Eigelb nach dem anderen dazugeben und unterrühren.

❸ Milch, Nüsse, Mehl, Backpulver und Schokolade dazugeben und ebenfalls unterrühren.

❹ Frische Sauerkirschen waschen und entsteinen. Tiefgekühlte Kirschen auftauen und gut abtropfen lassen. Den Backofen auf 175 °C (Umluft 150 °C, Gas Stufe 2) vorheizen.

❺ Die Eiweiß und das Meersalz mit den Quirlen des Handrührers steif schlagen. Den Eischnee unter den Teig heben.

❻ Die Papierbackförmchen in eine Muffinform setzen. Den Teig in die Förmchen füllen. Die Kirschen darauf verteilen.

❼ Die Muffins im Backofen 20 bis 25 Minuten backen. Die Muffins auf einem Kuchengitter abkühlen lassen und leicht mit Fruchtzucker und Zimt bestäuben.

► **Pro Stück**
1133/271 kJ/kcal • 6 g Eiweiß
20 g Fett • 14 g Kohlenhydrate
2 g Ballaststoffe • 1,5 BE

Klein aber fein. Süße Schokolade und säuerliche Früchte gehen in den Schoko-Sauerkirsch-Muffins eine unübertroffene Verbindung ein (Seite 79).

FEIN & FESTLICH

Gefüllte Hippenblätter mit Melonensalat

Für 12 Stück

Hippenteig:

- 100 g Butter oder Diätmargarine
- 100 g Weizenmehl
- 100 g Schneekoppe Fruchtzucker
- 3 Eiweiß

Melonen-Beeren-Salat:

- 1–2 Zweige frische Minze
- 1 kleine Honigmelone
- 1 Stück Wassermelone (etwa 500 g)
- je 100 g rote und schwarze Johannisbeeren
- 2 EL Limettensaft
- 1 EL Orangensaft
- evtl. Schneekoppe flüssige Süßkraft

Zubereitungszeit 80 Minuten

❶ Das Fett zerlassen und mit Mehl, Fruchtzucker, Eiweiß und 3 Esslöffeln Wasser zu einem glatten, flüssigen Teig verrühren. Ein Backblech mit Backpapier auslegen. Den Backofen auf 200 °C (Umluft 175 °C, Gas Stufe 3) vorheizen.

❷ In großem Abstand 4 gehäufte Esslöffel Teig auf dem Blech verteilen. Die Teigkleckse zu Kreisen von etwa 12 Zentimetern Durchmesser verstreichen.

❸ Im Backofen in 5 bis 7 Minuten goldgelb backen. Mit einer Palette vom Blech lösen, rasch über eine Tasse stülpen und kurz festhalten. So erhalten sie die typische Form. Vollständig abkühlen lassen. Den restlichen Teig genauso verarbeiten.

❹ Die Minzeblättchen waschen, einige beiseite legen, die restlichen fein hacken. Das Fruchtfleisch beider Melonensorten entkernen und mit einem Kugelausstecher von der Schale ablösen.

❺ Johannisbeeren waschen, trockentupfen und mit einer Gabel von den Stielen streifen. Die Beeren mit Melone und Minze im Limetten- und Orangensaft etwa 30 Minuten marinieren. Nach Belieben mit flüssiger Süßkraft abschmecken. Melonensalat in die Hippen füllen, mit den beiseite gelegten Minzeblättchen garnieren und die Hippen sofort servieren!

► Pro Stück

681/163 kJ/kcal • 3 g Eiweiß
7 g Fett • 21 g Kohlenhydrate
2 g Ballaststoffe • 2 BE

Im Sommer passt zusätzlich noch jeweils eine kleine Kugel fruchtiges Diabetikereis Ihrer Wahl dazu. Die gefüllten Hippenblätter eignen sich hervorragend als festliches Dessert.
Die knusprigen Hippenblätter werden schnell wieder weich, deshalb sollten Sie nur eine kleine Menge herstellen.

Tartelettes mit Johannisbeeren

TIPP

Anstelle mehrerer kleiner Tartelettes können Sie auch eine große Tarte (26 Zentimeter Durchmesser) backen. Die Backzeit verlängert sich dann um 5 bis 10 Minuten. Sie können die Creme auch direkt in die Tartelettes füllen, wenn Sie das Stürzen der Creme vermeiden wollen.

Für 6 Stück

Mürbeteig:

- **75 g Weizenmehl**
- **75 g feines Weizenvollkornmehl**
- **40 g Schneekoppe Fruchtzucker**
- **1 Ei, 1 Prise Schneekoppe Meersalz**
- **50 g Butter in Stückchen**
- **Mehl für die Arbeitsfläche**
- **Fett für die Förmchen**
- **Hülsenfrüchte zum Blindbacken**

Creme:

- **8 Blatt weiße Gelatine**
- **20 g gemahlener Mohn**
- **500 g Vollmilch-Naturjoghurt**
- **1 TL Schneekoppe flüssige Süßkraft**
- **2 EL Zitronensaft**
- **300 g rote Johannisbeeren**
- **2 frische Eiweiß**
- **30 g Schneekoppe Waldfrüchte Diät-Konfitüre extra**
- **2–3 EL Apfelsaft**

Zubereitungszeit 60 Minuten
Kühlzeit 4 Stunden 45 Minuten

❶ Mehl, Fruchtzucker, Ei, Salz und das in Stücke geschnittene Fett rasch verkneten. In Folie etwa 30 Minuten kalt stellen. Den Backofen auf 200 °C (Umluft 175 °C, Gas Stufe 3) vorheizen.

❷ Den Teig auf wenig Mehl ausrollen. 6 Tartelletteförmchen (8 Zentimeter Durchmesser) einfetten, mit Teig auskleiden. Mehrmals einstechen. Mit Backpapier und Hülsenfrüchten beschweren. 15 Minuten backen. Ohne Papier und Hülsenfrüchte weitere 5 bis 10 Minuten backen. Auskühlen lassen.

❸ Gelatine einweichen. Mohn mit Joghurt, flüssiger Süßkraft und Zitronensaft glatt rühren. Johannisbeeren waschen und von den Rispen streifen. 200 Gramm Beeren unter den Joghurt rühren. Gelatine auflösen und mit der Creme verrühren. Kalt stellen, bis die Creme zu gelieren beginnt. Eiweiß steif schlagen, unter die Creme heben und in 6 Tassen mit kleinerem Durchmesser als die Backförmchen füllen. Diese 4 Stunden kalt stellen und auf die Tartelettes stürzen. Restliche Beeren mit Konfitüre und Saft verrühren und darüber geben.

► **Pro Stück**
1400/335 kJ/kcal • 15 g Eiweiß
13 g Fett • 34 g Kohlenhydrate
4 g Ballaststoffe • 3 BE

Himbeer-Biskuitrolle

Für 18 Stücke
Biskuitteig:
4 Eier, getrennt
100 g Schneekoppe Fruchtzucker
1 Prise Schneekoppe Meersalz mit Jod und Fluor
60 g feines Weizenvollkornmehl
30 g Speisestärke
20 g geschälte, gemahlene Mandeln
1 TL abgeriebene Schale von 1 unbehandelten Zitrone
1 Messerspitze Backpulver
Himbeercreme:
6 Blatt weiße Gelatine
2 EL Zitronensaft
Mark von 1/2 Vanilleschote
500 g Quark (20 % Fett)
300 g Himbeeren
1/2 TL Schneekoppe flüssige Süßkraft

Zubereitungszeit 75 Minuten
Kühlzeit 60 Minuten

❶ Ein Blech mit Backpapier auslegen. Backofen auf 200 °C (Umluft 175 °C, Gas Stufe 3) vorheizen.

❷ Eigelbe, 4 Esslöffel heißes Wasser und 50 Gramm Fruchtzucker dickschaumig schlagen. Eiweiß mit Salz und restlichem Zucker steif schlagen und auf die Eigelbcreme geben. Mehl, Stärke, Mandeln, Zitronenschale, Backpulver mischen, auf den Eischnee sieben und unterheben. Auf das Blech streichen und 12 bis 15 Minuten backen. Biskuit auf Backpapier stürzen, oberes Papier abziehen. Biskuit mit dem unteren aufrollen .

❸ Gelatine einweichen. Zitronensaft erhitzen. Gelatine ausdrücken, darin auflösen. Mit Quark und Vanillemark verrühren. Beeren untermischen, die Creme mit flüssiger Süßkraft abschmecken, kalt stellen.

❹ Die Biskuitrolle ausrollen. Die Creme auf die Biskuitplatte streichen. Wieder aufrollen und mindestens 1 Stunde kalt stellen.

► **Pro Stück**
485/116 kJ/kcal
7 g Eiweiß • 3 g Fett
12 g Kohlenhydrate
2 g Ballaststoffe • 1 BE

TIPP

Die Biskuitrolle mit 2 Teelöffeln Fruchtzucker bestäuben und mit 100 Gramm Himbeeren und Zitronenmelisse garnieren.

Himbeer-Flockentorte

TIPP

Den Backpapierkreis spiralförmig mit dem Teig ausspritzen, dabei zwischen den Spiralen 1/2 Zentimeter Platz lassen, da der Teig aufgeht.
Zur Dekoration können Sie von den Windbeuteln einige zerpfücken und über die Sahnekuppel streuen. Die Torte leicht mit Diabetiker-Süße bestreuen, mit einigen Melisseblättchen und frischen Himbeeren nach Belieben verzieren.

Viel zu schön, um sie überhaupt anzuschneiden, ist die Himbeer-Flockentorte** **(Seite 85).

Für 12 Stücke

Brandteig:

70 g Butter oder Diätmargarine
1 Prise Schneekoppe Meersalz mit Jod und Fluor
150 g feines Weizenvollkornmehl
4 Eier

Füllung:

16 Blatt weiße Gelatine
600 g Himbeeren (frische oder aufgetaute)
750 g Creme-Quark (0,2 % Fett)
Schneekoppe flüssige Süßkraft
30 g Schneekoppe Waldfrüchte Diät-Konfitüre extra
2 EL Limettensaft, 2 frische Eiweiß
200 g Schlagsahne

Zubereitungszeit 75 Minuten

❶ 1/4 Liter Wasser mit Fett und Salz aufkochen. Mehl hineinschütten, rühren, bis sich der Teig vom Topfboden löst. Den Topf von der Kochstelle nehmen, den Teig etwas abkühlen lassen. Nacheinander die Eier unterrühren.

❷ Zwei Bleche mit Backpapier auslegen. Auf einem einen Kreis von 26 Zentimeter Durchmesser markieren. Den Ofen auf 200 °C (Umluft 175 °C, Gas Stufe 3) vorheizen. Mit dem Teig in einem Spritzbeutel den Papierkreis ausspritzen. Restlichen Teig als Tupfer auf das zweite Backblech spritzen. Beides nacheinander je 20 bis 25 Minuten backen.

❸ Gelatine einweichen. Die Hälfte der Himbeeren pürieren. Mit Quark, flüssiger Süßkraft, Konfitüre und Limettensaft verrühren. Gelatine ausdrücken, auflösen und unter die restliche Creme rühren.

❹ Eiweiß steif schlagen. Sobald die Quarkcreme zu gelieren beginnt, Eischnee und restliche Himbeeren unterrühren. Eine Schüssel mit rundem Boden (2 Liter Inhalt) mit Klarsichtfolie auslegen. Creme darin 4 Stunden kalt stellen, dann auf den Teigboden stürzen. Sahne steif schlagen. Mit einem Spritzbeutel die Kuppel damit verzieren. Windbeutel rund um den Rand setzen.

► **Pro Stück**
1078/258 kJ/kcal • 17 g Eiweiß
13 g Fett • 14 g Kohlenhydrate
5 g Ballaststoffe • 1,5 BE

APRIKOSENTORTE

Mit einem Trick können Sie die Kekse ganz leicht und schnell zerkleinern. Dafür die Kekse in einen Gefrierbeutel geben und mit dem Nudelholz nach Belieben fein zerkrümeln.

Für 8 Stücke

Keksboden:

- 100 g Schneekoppe Butterkekse
- 50 g weiche Butter

Füllung:

- 1 unbehandelte Zitrone
- 500 g reife Aprikosen
- 6 Blatt weiße Gelatine
- 500 g fettarme Dickmilch
- 2 EL Schneekoppe Aprikosenkonfitüre
- Schneekoppe flüssige Süßkraft
- 2 frische Eiweiß
- 1 EL grüne Pistazienkerne

Zubereitungszeit 50 Minuten
Kühlzeit 4 Stunden

❶ Die Kekse fein zerbröseln. Mit Butter zu Krümeln verarbeiten. Den Boden einer kleinen Springform (20 Zentimeter Durchmesser) mit Backpapier auslegen. Die Krümel mit einem Esslöffel auf den Boden drücken.

❷ Zitrone heiß waschen, Schale fein abreiben und den Saft auspressen. Aprikosen waschen, halbieren, entsteinen und die Hälften in Spalten schneiden. Mit 1 bis 2 Esslöffeln Zitronensaft beträufeln. 200 Gramm Aprikosen auf dem Boden verteilen.

❸ Gelatine in wenig Wasser einweichen, ausdrücken und in einem kleinen Topf bei schwacher Hitze auflösen. Dickmilch, 3 Esslöffel Zitronensaft, Zitronenschale, Aprikosenkonfitüre und flüssige Süßkraft verrühren. Etwas Dickmilchmischung mit der Gelatine verrühren, die Gelatinemasse unter die restliche Dickmilchcreme rühren. Im Kühlschrank einige Minuten kalt stellen, bis die Creme anfängt zu gelieren.

❹ Das Eiweiß steif schlagen und unter die Creme heben. Creme auf den Krümelboden geben und glatt streichen. Mindestens 4 Stunden kalt stellen, bis die Creme vollständig erstarrt ist. Pistazien hacken. Die Torte mit restlichen Aprikosen und Pistazien garnieren.

► **Pro Stück**
811/194 kJ/kcal • 7 g Eiweiß
9 g Fett • 22 g Kohlenhydrate
2 g Ballaststoffe • 2 BE

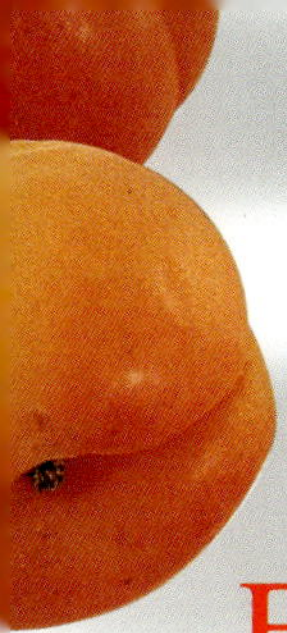

Erdbeertorte

Für 12 Stücke
Mürbeteig:
100 g Weizenmehl
100 g feines Weizenvollkornmehl
80 g Schneekoppe Fruchtzucker
1 Prise Schneekoppe Meersalz mit Jod und Fluor
1 Ei, 100 g Butter
Mehl für die Arbeitsfläche
Hülsenfrüchte zum Blindbacken
Belag:
1 kg Erdbeeren, 2 EL Zitronensaft
20 Blättchen Zitronenmelisse
300 g Magerquark
2 EL Schneekoppe Erdbeer Diät-Konfitüre extra
1/2 TL abgeriebene Zitronenschale
100 ml roter Traubensaft
1 Päckchen klarer Tortenguss
1/4 TL Schneekoppe flüssige Süßkraft

Zubereitungszeit 55 Minuten

❶ Alle Zutaten für den Teig verkneten. In Folie etwa 30 Minuten kalt stellen. Eine Springform (28 Zentimeter Durchmesser) mit Backpapier auslegen. Den Backofen auf 225 °C, (Umluft 200 °C, Gas Stufe 4) vorheizen. Den Teig ausrollen, in die Form legen und einen Rand hochdrücken. Mehrmals einstechen. Mit Backpapier und Hülsenfrüchten beschweren. 15 Minuten backen. Papier und Hülsenfrüchte entfernen. Weitere 10 Minuten backen.

❷ Erdbeeren waschen, putzen und 200 Gramm mit Zitronensaft pürieren. Melisse waschen, bis auf einige schöne Blättchen fein hacken. Erdbeerpüree, Quark, Konfitüre und Zitronenschale verrühren. Auf dem Teigboden verstreichen. Die Erdbeeren darauf verteilen. Traubensaft, 125 Milliliter Wasser und Tortengusspulver aufkochen und mit flüssiger Süßkraft süßen. Etwas abkühlen lassen und über die Erdbeeren verteilen. Den Kuchen kühl stellen. Mit den Melisseblättchen verzieren.

► Pro Stück
886/212 kJ/kcal
7 g Eiweiß
8 g Fett
24 g Kohlenhydrate
3 g Ballaststoffe
2 BE

Das Obst möglichst roh und mit der Schale verzehren, denn die in den Randschichten vieler Obstsorten enhaltenen Ballaststoffe wirken blutzuckerregulierend.

Orangen-Sanddorn-Torte

Gelatine am besten in wenig kaltem Wasser einweichen, ausdrücken und tropfnass in einen kleinen Topf geben und bei schwacher Hitze auflösen. Etwas Creme mit der Gelatine verrühren und diese Gelatinemasse unter die restliche Creme rühren. So vermeiden Sie, dass die Gelatine klumpt.

Die Orangen-Sanddorn-Torte ist der Beweis: Gesunde Kuchen schmecken herrlich und sehen auch noch wunderschön aus (Seite 89).

Für 12 Stücke

Tortenboden:

- 20 g Mandelblättchen
- 100 g Schneekoppe Vollfrucht Hochwert Müsli
- 4 EL Schneekoppe Sonnenblumenöl
- 30 g Schneekoppe Süßer Frühstücksaufstrich

Creme:

- 3 unbehandelte Orangen
- 8 Blatt weiße Gelatine
- 500 g Creme-Quark (0,2% Fett)
- 70 g Schneekoppe Sanddorn-Zubereitung
- 1 TL Schneekoppe flüssige Süßkraft
- 3 EL Zitronensaft
- 2 frische Eiweiß
- 1 Prise Schneekoppe Meersalz mit Jod und Fluor

Zubereitungszeit 50 Minuten
Kühlzeit 2 Stunden

❶ Boden und Rand einer Springform (24 Zentimeter Durchmesser) mit Backpapier auslegen. Mandeln und Müsli in einer beschichteten Pfanne erhitzen, bis sie duften. Öl und süßen Frühstücksaufstrich dazugeben und so lange erhitzen, bis die Masse karamellisiert. Sofort in die Form geben. Einen Löffel in kaltes Wasser tauchen und die Masse auf dem Boden verstreichen.

❷ Orangen samt der weißen Haut schälen. Fruchtfilets zwischen den Trennwänden herauslösen, dabei den Saft auffangen. Orangenfilets klein schneiden. Gelatine einweichen. Quark, 40 Gramm Sanddorn-Zubereitung, flüssige Süßkraft, 50 Milliliter Orangen- und den Zitronensaft verrühren. Gelatine ausdrücken, auflösen und unter die Creme rühren. Orangenstückchen untermischen, kalt stellen.

❸ Eiweiß mit Meersalz steif schlagen. Sobald die Creme zu gelieren beginnt, den Eischnee unterheben. Creme auf dem Tortenboden glatt streichen. Mindestens 2 Stunden kalt stellen. Restliche Sanddorn-Zubereitung mit 1 bis 2 Teelöffeln Orangensaft glatt rühren und auf der Torte verstreichen.

► **Pro Stück**
569/136 kJ/kcal • 9 g Eiweiß
5 g Fett • 11 g Kohlenhydrate
2 g Ballaststoffe • 1 BE

Schokoladen-Ananas-Torte

TIPP

Wer keine Kalorien scheut, der verziert den Tortenrand mit einer Extraportion Schlagsahne und etwas mehr Schokolade. Zum Verzieren 150 Gramm Sahne steif schlagen. Kaufen Sie für die Torte Ananas im eigenen Saft, ohne Zuckerzusatz und mit 255 Gramm Abtropfgewicht.

Für 10 Stücke

Biskuitteig:

- 4 Eier, getrennt
- 80 g Schneekoppe Fruchtzucker
- 1 Prise Schneekoppe Meersalz mit Jod und Fluor
- 70 g feines Weizenvollkornmehl
- 20 g Speisestärke, 15 g Kakao
- 1 Messerspitze Backpulver

Ananascreme:

- 7 Blatt Gelatine, 2 EL Zitronensaft
- 1 Dose Ananas, 500 g Buttermilch
- 30 g Schneekoppe Exotic-Konfitüre
- 30 g Schneekoppe Mocca-Creme-Schokolade, grob geraspelt
- 1/2 TL Schneekoppe flüssige Süßkraft
- 1 TL abgeriebene Zitronenschale

Zubereitungszeit 90 Minuten
Kühlzeit 3 Stunden

❶ Eine Springform (20 Zentimeter Durchmesser) mit Backpapier auslegen. Backofen auf 200 °C (Umluft 175 °C, Gas Stufe 3) vorheizen. Eigelbe, 4 Esslöffel heißes Wasser und 50 Gramm Fruchtzucker schaumig schlagen. Eiweiß mit Salz und dem restlichen Zucker steif schlagen, auf die Eigelbcreme geben.

❷ Die übrigen Teigzutaten mischen, auf das Eiweiß sieben. Locker unterheben, in die Form füllen, glatt streichen. 25 bis 30 Minuten backen. In der Form auskühlen lassen, zweimal waagerecht durchschneiden. Den Formrand um den unteren Boden legen.

❸ Gelatine einweichen. Zitronensaft und 50 Milliliter Ananassaft erhitzen. Gelatine ausdrücken, darin auflösen. Buttermilch und Konfitüre einrühren. Ananas klein schneiden und bis auf 2 Esslöffel unter die Creme rühren. Schokolade bis auf 1 Esslöffel unter die Creme rühren. Mit Süßkraft und Zitronenschale abschmecken, kalt stellen. Wenn die Creme zu gelieren beginnt, jeden Boden mit einem Drittel bestreichen, Böden aufeinander setzen. Mindestens 3 Stunden kühlen. Mit den übrigen Ananasstücken und Schokoladenraspeln garnieren.

► **Pro Stück**
690/165 kJ/kcal • 8 g Eiweiß
4 g Fett • 22 g Kohlenhydrate
1 g Ballaststoffe • 2 BE

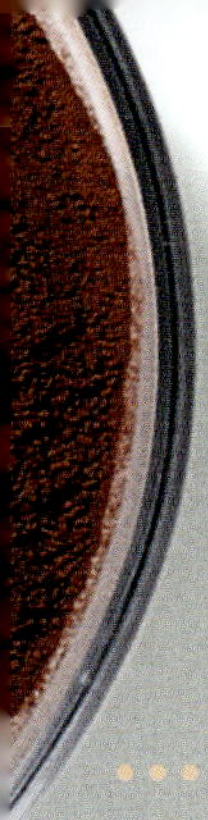

Pflaumen-Mohn-Torte

Für 12 Stücke

Mohnbiskuit:
- 100 g gemahlener Mohn
- 50 g feines Weizenvollkornmehl
- 50 g Weizenmehl, 2 TL Backpulver
- 4 Eier, getrennt
- 70 g Schneekoppe Fruchtzucker
- 1 Prise Schneekoppe Meersalz mit Jod und Fluor

Belag:
- 450 g Pflaumen, 1/2 l fettarme Milch
- 1 Päckchen Vanille-Puddingpulver
- Schneekoppe flüssige Süßkraft
- 1 Eiweiß, 10 EL Kirschsaft
- 80 g Schneekoppe Pflaumenmus

Zubereitungszeit 65 Minuten

❶ Boden und Rand einer Springform (26 Zentimeter Durchmesser) mit Backpapier auslegen. Backofen auf 175 °C (Umluft 150 °C, Gas Stufe 2) vorheizen. Mohn, Mehl und Backpulver mischen.

❷ Eigelbe, 40 Gramm Fruchtzucker und 2 Esslöffel heißes Wasser dickschaumig schlagen. Eiweiß mit restlichem Zucker und Salz steif schlagen. Mit der Mohn-Mehl-Mischung unter die Eigelbcreme heben. In die Form füllen und etwa 20 Minuten backen. In der Form auskühlen lassen.

❸ Pflaumen waschen, halbieren, entsteinen und klein würfeln. Aus Milch und Puddingpulver einen Pudding kochen und mit flüssiger Süßkraft abschmecken. Eiweiß steif schlagen. Eischnee unterrühren. Den Pudding einmal aufkochen lassen.

❹ Biskuit waagerecht durchschneiden. Den Rand der Form um den unteren Boden legen. Mit 5 Esslöffeln Kirschsaft tränken, mit Pflaumenmus bestreichen. Die Hälfte der Pflaumen darauf verteilen und die Hälfte der Creme darüber geben. Zweiten Boden darauf legen und mit restlichem Saft tränken. Restliche Pflaumen und Creme darauf geben. 1 Stunde ziehen lassen.

► **Pro Stück**
849/203 kJ/kcal • 7 g Eiweiß
7 g Fett • 26 g Kohlenhydrate
2 g Ballaststoffe
2,5 BE

Erdnüsse und Samen enthalten zwar reichlich Fett, die Blutzuckersteigerung nach dem Verzehr von Nüssen und Samen jedoch ist minimal. Normale Portionen sind daher anrechnungsfrei.

Zitrusfrucht-Torte

Erst nach der Kühlzeit wird die Torte fertig gestellt. Dafür den restlichen Saft, 1/2 Teelöffel flüssige Süßkraft und Tortengusspulver verrühren, aufkochen und 1 Minute abkühlen lassen. Die restlichen Fruchtfilets auf der Torte verteilen. Den Guss mit einem Esslöffel darüber geben. Die Pistazienkerne hacken. Die Torte mit den Pistazien bestreuen.

Für 12 Stücke

Biskuitteig:

- 2 Eier
- 40 g Schneekoppe Fruchtzucker
- 1 Prise Schneekoppe Meersalz mit Jod und Fluor
- 50 g Dinkelmehl

Füllung:

- 2 goße rosa Grapefruits
- 3 Orangen, 10 Blatt weiße Gelatine
- 500 g Creme-Quark (0,2% Fett)
- 200 g Vollmilch-Naturjoghurt
- Schneekoppe flüssige Süßkraft
- 200 g Sahne
- 2 TL klares Tortengusspulver
- 20 g grüne Pistazienkerne

Zubereitungszeit 45 Minuten

❶ Den Boden einer Springform (26 Zentimeter Durchmesser) mit Backpapier auslegen. Den Backofen auf 175 °C (Umluft 150 °C, Gas Stufe 2) vorheizen. Die Eier trennen. Eigelbe, 2 Esslöffel heißes Wasser und 20 Gramm Fruchtzucker dickschaumig schlagen. Eiweiß mit restlichem Fruchtzucker und Salz steif schlagen und auf die Eigelbcreme geben. Mehl darüber sieben und alles unterheben.

❷ Den Teig in die Form füllen und glatt streichen. Im Backofen 15 bis 20 Minuten backen. Den Biskuit vom Rand lösen, auskühlen lassen.

❸ Früchte samt der weißen Haut schälen. Fruchtfilets zwischen den Trennwänden herauslösen, 200 Milliliter Saft auffangen. 12 Fruchtfilets beiseite stellen, die restlichen klein schneiden.

❹ Gelatine einweichen. Quark, Joghurt, 75 Milliliter Saft, klein geschnittene Fruchtfilets und 1 Teelöffel flüssige Süßkraft verrühren. Die Gelatine ausdrücken, auflösen und unter die Quarkcreme rühren. Die Creme kalt stellen. Sahne steif schlagen. Sobald die Creme zu gelieren anfängt, die Sahne unterheben. Den Rand der Form um den Biskuitboden legen. Die Füllung darauf verteilen. Die Torte mindestens 4 Stunden kalt stellen. Fertigstellung siehe Randspalte.

► **Pro Stück**

832/199 kJ/kcal • 11 g Eiweiß
8 g Fett • 18 g Kohlenhydrate
1 g Ballaststoffe • 1,5 BE

Eine fruchtig-leichte Alternative zu herkömmlichen Creme-Torten: Die Zitrusfrucht-Torte mit Grapefruits und Orangen (Seite 93).

APRIKOSEN-KUGELN

Für 35 Stück

- 1 Vanilleschote, 150 g Weizenmehl
- 50 g gemahlene Mandeln
- 50 g Schneekoppe Fruchtzucker
- 100 g Butter oder Diätmargarine
- 1 EL Schneekoppe Sonnenblumenöl
- 70 g Schneekoppe Aprikosenkonfitüre zum Füllen

Zubereitungszeit 65 Minuten

1 Zwei Backbleche mit Backpapier auslegen. Backofen auf 175 °C (Umluft 150 °C, Gas Stufe 2) vorheizen. Vanilleschote längs halbieren, das Mark herauskratzen. Mehl, Mandeln, Zucker, Butter und Öl rasch verkneten. In Folie wickeln und etwa 30 Minuten kalt stellen.

2 Aus dem Teig 35 Kugeln formen und auf die Bleche setzen. In die Mitte eine Vertiefung drücken. Etwa 12 Minuten backen. Konfitüre aufkochen und glatt rühren. Die warmen Kugeln damit füllen.

► **Pro Stück**
242/58 kJ/kcal • 1 g Eiweiß
3 g Fett • 5 g Kohlenhydrate
0 g Ballaststoffe • 0,5 BE

ERDNUSS-KIPFERL

Für 60 Stück

- 250 g Weizenmehl
- 10 g frischer Ingwer, gehackte
- 75 g Erdnüsse, gehackt
- 1 Ei
- 80 g Schneekoppe Fruchtzucker
- 2 EL Schneekoppe Sonnenblumenöl
- 120 g Butter oder Diätmargarine
- 1 Prise Schneekoppe Meersalz mit Jod und Fluor

Zubereitungszeit 50 Minuten
Kühlzeit 60 Minuten

1 Zwei Bleche mit Backpapier auslegen. Backofen auf 175 °C (Umluft 150 °C, Gas Stufe 2) vorheizen.

2 Mehl, Ingwer, Erdnüsse, Ei, Fruchtzucker, Öl, weiches Fett und Salz verkneten. In Folie wickeln und etwa 1 Stunde kalt stellen. Fingerdicke Rollen formen, diese in Stücke schneiden und zu Kipferln biegen. Etwa 12 bis 15 Minuten backen, bis sie hellbraun sind.

► **Pro Stück**
200/48 kJ/kcal • 1 g Eiweiß
3 g Fett • 4 g Kohlenhydrate
0 g Ballaststoffe • 0,5 BE

Für die Erdnuss-Kipferl möglichst gesalzene und geröstete Erdnüsse verwenden. Ingwer und Erdnüsse lassen sich im Blitzhacker schnell fein hacken. Die Kipferl sollten Sie auf einer bemehlten Arbeitsfläche rollen.

Kokosschäumchen

Wenn Sie Backpapier für die Bleche oder Backformen verwenden, ersparen Sie sich das Einfetten, denn Backpapier ist beschichtet.

Für 40 Stück
- 80 g Kokosraspel
- 2 Eiweiß (70 g)
- 1 Prise Schneekoppe Meersalz mit Jod und Fluor
- 1 TL Zitronensaft
- 70 g Schneekoppe Fruchtzucker
- 50 g geschälte, gemahlene Mandeln

Zubereitungszeit 55 Minuten
Trockenzeit über Nacht

❶ Ein Blech mit Backpapier auslegen. Die Kokosraspeln in einer Pfanne ohne Fett hellgelb rösten, bis sie duften. Herausnehmen und abkühlen lassen.

❷ Eiweiß mit Meersalz und Zitronensaft mit den Quirlen des Handrührers steif schlagen. Fruchtzucker einrieseln lassen und weiterschlagen, bis der Eischnee ganz dick ist und glänzt.

❸ Kokosraspeln und Mandeln mit einem Teigschaber locker unter den Eischnee heben.

❹ Mit einem Teelöffel etwa 40 kleine Häufchen von der Baisermasse abnehmen und auf das Backblech setzen. Die Schäumchen über Nacht trocknen lassen.

❺ Am nächsten Tag den Backofen auf 150 °C (Umluft 125 °C, Gas Stufe 1–2) vorheizen. Im Backofen etwa 30 Minuten trocknen lassen.

► **Pro Stück**
96/23 kJ/kcal • 1 g Eiweiß
1 g Fett • 2 g Kohlenhydrate
0 g Ballaststoffe • 0,5 BE

Mandelbrezeln

Für 38 Stück
150 g Weizenmehl
50 g Dinkelmehl
50 g geschälte, gemahlene Mandeln
50 g Schneekoppe Fruchtzucker
125 g Butter oder Diätmargarine
1 Prise Schneekoppe Meersalz mit Jod und Fluor
1/2 TL abgeriebene Schale von 1 unbehandelten Zitrone
Mehl für die Arbeitsfläche
1 Eigelb und 1 EL Milch zum Bestreichen

Zubereitungszeit 60 Minuten

❶ Ein Backblech mit Backpapier auslegen. Den Backofen auf 200 °C (Umluft 175 °C, Gas Stufe 3) vorheizen.

❷ Weizen- und Dinkelmehl, Mandeln, Fruchtzucker, Fett in Flöckchen, Meersalz und Zitronenschale rasch zu einem Mürbeteig kneten.

❸ Den Mürbeteig in Folie wickeln und im Kühlschrank etwa 30 Minuten kalt stellen.

❹ Den Teig mit den Händen noch einmal kurz durchkneten, auf wenig Mehl zu langen, dünnen Rollen formen. Die Teigrollen in Stücke schneiden und zu Brezeln formen.

❺ Die Brezeln auf das Backblech legen. Eigelb und Milch verquirlen und die Brezeln damit bestreichen. Im Backofen 10 bis 12 Minuten backen, bis sie goldbraun sind.

❻ Die Brezeln aus dem Backofen nehmen und auf einem Kuchengitter auskühlen lassen.

► **Pro Stück**
251/61 kJ/kcal • 1 g Eiweiß
4 g Fett • 5 g Kohlenhydrate
0 g Ballaststoffe • 0,5 BE

Dinkelmehl wird wieder beliebter und in verschiedenen Ausmahlungsgraden angeboten. Besser ist es allerdings, wenn Sie den Dinkel frisch mahlen lassen.

Walnuss-Birnen-Wickel

Den Hefeteig auf einer bemehlten Arbeitsfläche etwa 30 x 40 Zentimeter groß ausrollen und in einer Kastenform (30 Zentimeter Länge) im vorgeheizten Backofen bei 200 °C (Umluft 175 °C, Gas Stufe 3) backen.

Für 20 Stücke

Hefeteig:

- 200 g Weizenmehl
- 200 g feines Weizenvollkornmehl
- 1/2 TL Schneekoppe Meersalz
- 30 g frische Hefe
- 50 g Schneekoppe Diät-Sirup
- 175 ml lauwarme fettarme Milch

Füllung:

- 25 g Schneekoppe Zartbitter-Schokolade
- 200 g Walnusskerne
- 125 ml fettarme Milch
- 40 g Schneekoppe Diätsirup
- 30 g Weizengrieß, 1/2 TL Zimtpulver
- 1 TL abgeriebene Zitronenschale
- 20 g Butter
- 180 g Birne, 1 EL Zitronensaft
- je 50 g getrocknete Aprikosen und entsteinte Dörrpflaumen
- 1/4 TL Schneekoppe flüssige Süßkraft
- 50 g Schneekoppe Aprikosenkonfitüre

Zubereitungszeit 160 Minuten

Eine klassische Winterkombination: Nüsse, Birnen und Trockenobst bilden die Hauptbestandteile des Walnuss-Birnen-Wickels (Seite 99).

❶ Mehl und Salz in einer Schüssel mischen, in einer Mulde die Hefe mit Diätsirup, Milch und etwas Mehl verrühren. 15 Minuten gehen lassen. Das Mehl einkneten, den Teig 30 Minuten gehen lassen.

❷ Schokolade zerbröckeln, Walnüsse hacken. Mit Milch, Sirup, Grieß, Zimt und Zitronenschale aufkochen. Von der Kochstelle nehmen, die Butter unterrühren. Birne schälen, entkernen, würfeln und mit Zitronensaft mischen. Die Form einfetten. Trockenfrüchte würfeln, mit Birne und flüssiger Süßkraft unter die Nussmasse rühren.

❸ Den Teig ausrollen. Die Füllung darauf verstreichen. Von der schmalen Seite her aufrollen, einmal längs durchschneiden. Beide Teigstränge umeinander wickeln und in die Form legen. 20 Minuten gehen lassen. Im vorgeheizten Ofen 60 bis 70 Minuten backen. In der Form einige Minuten auskühlen lassen, auf ein Kuchengitter stürzen. Die Konfitüre aufkochen und den Kuchen damit bestreichen.

Pro Stück

794/109 kJ/kcal • 5 g Eiweiß
7 g Fett • 24 g Kohlenhydrate
3 g Ballaststoffe • 2 BE

Walnuss-Schokoladen-Busserl

TIPP

Die Busserl fühlen sich beim Herausnehmen noch etwas weich an, werden jedoch beim Abkühlen fester. Im Laufe der Zeit werden sie wieder etwas weich, daher lieber nur eine kleine Menge herstellen!

Für 25 Stück

Walnuss-Baiser:

- **25 g Schneekoppe Zartbitter-Schokolade**
- **100 g Walnusskerne**
- **2 TL Kakao**
- **1 Eiweiß**
- **1 Prise Schneekoppe Meersalz mit Jod und Fluor**
- **50 g Schneekoppe Fruchtzucker**
- **70 g Schneekoppe Nuss-Nougat-Creme zum Füllen**

Zubereitungszeit 60 Minuten

❶ Schokolade zerbröckeln und zusammen mit Walnusskernen im Blitzhacker fein mahlen. Kakao untermischen.

❷ Ein Backblech mit Backpapier auslegen. Den Backofen auf 150 °C (Umluft 125 °C, Gas Stufe 1–2) vorheizen.

❸ Eiweiß mit Meersalz mit den Quirlen des Handrührers halb steif schlagen. Fruchtzucker langsam einrieseln lassen. Den Eischnee in etwa 5 Minuten sehr steif schlagen. Die Walnuss-Schokoladen-Mischung mit einem Teigschaber unter den Eischnee heben.

❹ Die Masse in einen Spritzbeutel mit großer Lochtülle füllen und 50 kleine Tupfen auf das Backblech spritzen. Im Backofen etwa 30 Minuten backen.

❺ Die Busserl ganz auskühlen lassen, dann jeweils zwei Stück mit je 1/2 Teelöffel Nuss-Nougat-Creme bestreichen und zusammensetzen.

► **Pro Stück**

175/42 kJ/kcal • 1 g Eiweiß
2 g Fett • 5 g Kohlenhydrate
0 g Ballaststoffe • 0,5 BE

Nougathörnchen

Für 50 Stück
100 g Butter oder Diätmargarine
150 g Schneekoppe Nuss-Nougat-Creme
1/4 TL Schneekoppe flüssige Süßkraft
100 g feines Weizenvollkornmehl
125 g Weizenmehl
75 g gemahlene Haselnüsse
1 Ei
1/2 TL Zimtpulver
1 Prise Schneekoppe Meersalz mit Jod und Fluor

Glasur:
100 g Schneekoppe Nougat-Schokolade
10 g Kokosfett

Zubereitungszeit 60 Minuten
Kühlzeit 2 Stunden

❶ Zwei Backbleche mit Backpapier auslegen. Den Backofen auf 175 °C (Umluft 150 °C, Gas Stufe 2) vorheizen. Das weiche Fett, Nuss-Nougat-Creme und flüssige Süßkraft cremig rühren.

❷ Beide Mehlsorten, Haselnüsse, Ei, Zimt und Meersalz dazugeben und verkneten. Den Teig in Folie wickeln und etwa 2 Stunden kalt stellen.

❸ Den Teig kurz durchkneten, daraus etwa 50 kleine Kugeln formen. Die Kugeln zu Hörnchen formen, auf die Bleche legen und 15 bis 18 Minuten backen. Auskühlen lassen.

❹ Die Schokolade in eine Schüssel bröckeln und mit dem Kokosfett im warmen Wasserbad schmelzen.

❺ Die Enden der Hörnchen in die Schokolade tauchen, auf einem Kuchengitter abtropfen und die Schokolade fest werden lassen.

▶ Pro Stück
297/71 kJ/kcal • 1 g Eiweiß
4 g Fett • 6 g Kohlenhydrate
0 g Ballaststoffe • 0,5 BE

Marzipanhalbmonde

Das Hirsemehl macht diese Plätzchen schön mürbe. Wer kein Hirsemehl bekommt, kann ganze Hirsekörner (gibt es mittlerweile auch in vielen Supermärkten) in einer elektrischen Kaffeemühle mahlen.

Für 42 Stück

Mürbeteig:

- 200 g Dinkelmehl
- 50 g feines Hirsemehl
- 40 g Schneekoppe Fruchtzucker
- 1 Ei
- 1 Prise Schneekoppe Meersalz mit Jod und Fluor
- 120 g Butter oder Diätmargarine

Mandelmasse:

- 200 g ganze, abgezogene Mandeln
- 60 g Schneekoppe Süßer Frühstücksaufstrich
- 1/2 TL Zimtpulver
- 1 EL Rosenwasser (aus der Apotheke)
- 1 Eiweiß
- 42 Mandelhälften zum Verzieren

Zubereitungszeit 100 Minuten

❶ Beide Mehlsorten, Fruchtzucker, Ei, Meersalz und Fett verkneten. In Folie wickeln und etwa 1 Stunde kalt stellen. Ein Backblech mit Backpapier auslegen. Den Backofen auf 200 °C (Umluft 175 °C, Gas Stufe 3) vorheizen.

❷ Die Mandeln fein mahlen. Mit süßem Frühstücksaufstrich, 1 Esslöffel Wasser, Zimt, Rosenwasser und Eiweiß verkneten.

❸ Den Teig kurz durchkneten und auf wenig Mehl ausrollen. Die Mandelmasse darauf verstreichen. Mit einem runden Ausstecher Halbmonde ausstechen und auf das Blech legen. Mit den Mandelhälften verzieren. Etwa 12 Minuten backen. Auf einem Kuchengitter auskühlen lassen.

► **Pro Stück**

368/88 kJ/kcal • 2 g Eiweiß
6 g Fett • 6 g Kohlenhydrate
1 g Ballaststoffe • 0,5 BE

Vanillekipferl

Für 28 Stück
Mürbeteig:
1 Vanilleschote
170 g Weizenmehl
30 g geschälte, gemahlene Mandeln
40 g Schneekoppe Fruchtzucker
1 EL Schneekoppe Sonnenblumenöl
100 g Butter oder Diätmargarine
1 EL Schneekoppe Diabetiker-Süße zum Bestreuen

Zubereitungszeit 75 Minuten

❶ Vanilleschote der Länge nach halbieren und das Mark herauskratzen. Zwei Backbleche mit Backpapier auslegen. Den Backofen auf 175 °C (Umluft 150 °c, Gas Stufe 2) vorheizen.

❷ Aus Mehl, Mandeln, Fruchtzucker, Öl und Fett in Flöckchen mit den Händen rasch einen Mürbeteig kneten. Den Teig in Folie wickeln und etwa 30 Minuten kalt stellen.

❸ Den Teig kurz durchkneten, daraus etwa 28 kleine Kugeln formen. Die Kugeln zu Kipferln formen und mit etwas Abstand auf Backbleche setzen.

❹ Die Kipferl im Backofen 12 bis 15 Minuten backen. Sofort nach dem Backen mit Diabetiker-Süße bestreuen.

► **Pro Stück**
280/67 kJ/kcal • 1 g Eiweiß
4 g Fett • 6 g Kohlenhydrate
0 g Ballaststoffe
0,5 BE

Die Vanilleschote können Sie durch gemahlene Bourbon-Vanille aus dem Reformhaus ersetzen.

Panettone

Panettone war ursprünglich eine Mailänder Weihnachtsspezialität aus Hefeteig, kandierten Früchten und Rosinen. Inzwischen ist Panettone weltweit beliebt und rund ums Jahr erhältlich.

Für 12 Stücke

500 g Weizenmehl
1 Würfel Hefe (42 g)
150 ml Milch
100 g Schneekoppe Fruchtzucker
150 g Butter oder Diätmargarine
2 Eier
1 TL Schneekoppe Meersalz mit Jod und Fluor
je 1/2 TL abgeriebene Schale von 1 unbehandelten Zitrone und Orange
125 g Schneekoppe Cappuccino Schokolade
Fett für die Form
1 TL Schneekoppe Fruchtzucker zum Bestreuen

Zubereitungszeit 3 Stunden

❶ Das Mehl in eine Schüssel geben. In die Mitte eine Mulde drücken und die Hefe hineinbröckeln. Die Milch erwärmen. 1 Esslöffel Fruchtzucker und lauwarme Milch dazugeben und mit etwas Mehl vom Rand einen Vorteig rühren. Den Vorteig abgedeckt etwa 15 Minuten gehen lassen. Das Fett schmelzen. Restlichen Fruchtzucker, flüssiges Fett, Eier, Meersalz, Zitronen- und Orangenschale zum Vorteig geben und verkneten. Abgedeckt 45 Minuten gehen lassen, bis sich das Volumen verdoppelt hat.

❷ Schokolade in kleine Stücke hacken. Eine kleine Springform (20 Zentimeter Durchmesser) einfetten. Den Rand der Form mit einem Streifen Alufolie nach oben hin um etwa 10 Zentimeter verlängern. Die Folie einfetten. Hefeteig mit der Schokolade verkneten. Den Teig in der Form weitere 20 Minuten gehen lassen. Den Backofen auf 175 °C (Umluft 150 °C, Gas Stufe 2) vorheizen.

❸ Die Oberfläche kreuzweise einschneiden. Den Panettone im Backofen 70 bis 80 Minuten backen, dabei zwischendurch mit Backpapier abdecken. Den Kuchen aus der Form auf ein Kuchengitter stürzen und vollständig abkühlen lassen. Mit Fruchtzucker bestäuben.

► **Pro Stück**
1517/363 kJ/kcal • 8 g Eiweiß
15 g Fett • 45 g Kohlenhydrate
2 g Ballaststoffe • 4 BE

Der Panettone, der klassische Weihnachtskuchen aus Italien, wird auch bei uns immer beliebter (Seite 105).

Saftiger Quarkstollen

Wer die typische Stollenform haben möchte, knetet etwa 50 Gramm Mehl mehr unter den Teig und formt daraus einen Stollen, der dann auf einem Backblech gebacken wird. Die Garzeit verringert sich um etwa 10 Minuten.

Für 20 Scheiben

- **50 g getrocknete Aprikosen**
- **50 g Rosinen**
- **1 Vanilleschote**
- **125 g Butter oder Diätmargarine**
- **50 g Schneekoppe Diabetiker-Süße**
- **2 Eier**
- **400 g Weizenmehl (Type 550)**
- **250 g Magerquark**
- **1 Prise Schneekoppe Meersalz mit Jod und Fluor**
- **1 TL abgeriebene Schale von 1 unbehandelten Zitrone**
- **1/2 TL Schneekoppe flüssige Süßkraft**
- **30 g grüne Pistazienkerne**
- **1/4 Fläschchen Rumaroma**
- **1 Päckchen Backpulver**
- **Fett für die Form**
- **1 EL Schneekoppe Fruchtzucker**

Zubereitungszeit 105 Minuten

❶ Die Aprikosen würfeln. Aprikosen und Rosinen mit 50 Milliliter kochendem Wasser übergießen und abgedeckt stehen lassen. Die Vanilleschote längs halbieren und das Mark herauskratzen. Das weiche Fett und die Diabetiker-Süße schaumig schlagen. Ein Ei nach dem anderen mit jeweils 1 Esslöffel Mehl unterrühren.

❷ Eine Kastenform (30 Zentimeter Länge) einfetten. Den Backofen auf 175 °C (Umluft 150 °C, Gas Stufe 2) vorheizen. Quark, Salz, Zitronenschale, flüssige Süßkraft, Pistazien, Rumaroma, Aprikosen und Rosinen samt Sud unterrrühren. Restliches Mehl und Backpulver unterkneten.

❸ Den Teig in die Form füllen. Im Backofen 55 bis 60 Minuten backen. Aus dem Ofen nehmen, kurz abkühlen lassen und aus der Form stürzen. Mit Fruchtzucker bestreuen und ganz abkühlen lassen.

► **Pro Stück**
740/177 kJ/kcal • 5 g Eiweiß
7 g Fett • 21 g Kohlenhydrate
1 g Ballaststoffe • 2 BE

Kerniger Nusskuchen

Für 14 Stücke

Teig:

- **3 Eier**
- **50 g Schneekoppe Fruchtzucker**
- **1 TL Schneekoppe flüssige Süßkraft**
- **150 ml Buttermilch**
- **1 TL abgeriebene Schale von 1 unbehandelten Orange**
- **100 g Weizenmehl**
- **125 g feines Weizenvollkornmehl**
- **3 TL Backpulver**
- **60 g gemahlene Haselnüsse**
- **Fett für die Form**

Belag:

- **je 50 g Haselnuss- und Walnusskerne und Pecannüsse**
- **100 g Butter oder Diätmargarine**
- **2 EL frisch gepresster Orangensaft**
- **70 g Schneekoppe Diät-Sirup**
- **1/2 TL Schneekoppe flüssige Süßkraft**

Zubereitungszeit 45 Minuten

❶ Eine Springform (30 Zentimeter Durchmesser) einfetten. Den Backofen auf 200 °C (Umluft 175 °C, Gas Stufe 3) vorheizen. In einer großen Schüssel Eier, Fruchtzucker, flüssige Süßkraft, Buttermilch und Orangenschale verquirlen.

❷ Beide Mehlsorten, Backpulver und Haselnüsse unterrühren. In die Form füllen und glatt streichen. Im Backofen etwa 15 Minuten backen.

❸ Nüsse klein hacken. Fett, Orangensaft, Diät-Sirup, flüssige Süßkraft und Nüsse unter Rühren aufkochen und abkühlen lassen. Den Belag auf den Boden streichen. Weitere 10 bis 15 Minuten backen. In der Form kurz abkühlen lassen. Vom Rand lösen. Auf einem Kuchengitter abkühlen lassen.

► **Pro Stück**
1078/258 kJ/kcal • 6 g Eiweiß
16 g Fett • 21 g Kohlenhydrate
2 g Ballaststoffe • 2 BE

Wenn Sie kein Backpapier verwenden, sollte die Backform eingefettet werden. Die Form nach dem Einfetten kurz kalt stellen, dann können Sie erkennen, ob auch wirklich alle Ecken eingefettet sind.

Linzer Torte

Linzer Torte ist ein sehr beliebtes Weihnachtsgebäck, das sich in Alufolie eine längere Zeit frisch hält. Wer die Torte weihnachtlich dekorieren möchte, kann mit den Plätzchenausstechern Sterne, Monde oder andere Motive seiner Wahl ausstechen.

Für 14 Stücke

- **200 g gemahlene Haselnüsse**
- **150 g Dinkelmehl**
- **100 g Schneekoppe Diabetiker-Süße**
- **2 TL Kakao**
- **1/2 TL Schneekoppe flüssige Süßkraft**
- **1 TL Zimtpulver**
- **1/2 TL gemahlene Bourbon-Vanille**
- **1 Prise Gewürznelke**
- **1 Prise Schneekoppe Meersalz mit Jod und Fluor**
- **150 g Butter oder Diätmargarine**
- **1 Ei**
- **Dinkelmehl für die Arbeitsfläche**
- **280 g Schneekoppe Holunder-Kirsch-Konfitüre**
- **1 EL Sahne zum Bestreichen**
- **10 g Mandelblättchen zum Bestreuen**
- **1–2 TL Schneekoppe Diabetiker-Süße zum Bestreuen**

Zubereitungszeit 145 Minuten

❶ Haselnüsse, Dinkelmehl, Diabetiker-Süße, Kakao, flüssige Süßkraft, Gewürze und Meersalz mischen. Weiches Fett in Flöckchen und das Ei dazugeben. Mit den Händen rasch zu einem glatten Mürbeteig verkneten. Den Teig in Folie wickeln und im Kühlschrank etwa 1 Stunde kalt stellen.

❷ Den Boden einer Springform (26 Zentimeter Durchmesser) mit Backpapier auslegen. Den Backofen auf 175 °C (Umluft 150 °C, Gas Stufe 2) vorheizen.

❸ 3/4 des Teiges auf wenig Mehl etwas größer als die Springform ausrollen und in die Form legen, dabei einen kleinen Rand hoch drücken. Die Konfitüre darauf verstreichen.

❹ Restlichen Teig dünn ausrollen und weihnachtliche Motive (z. B. Sterne) ausstechen. Mit Sahne bestreichen und mit Mandelblättchen bestreuen. Die Motive auf der Konfitüre verteilen. Den Kuchen im Backofen etwa 45 Minuten backen. Dünn mit Diabetiker-Süße bestreuen.

► **Pro Stück**

1233/295 kJ/kcal • 4 g Eiweiß
19 g Fett • 24 g Kohlenhydrate
2 g Ballaststoffe • 2 BE

Viel zu gut, um nur in der Weihnachtszeit gebacken zu werden, ist die würzige Linzer Torte (Seite 109).

ZIMT-STERNE

Durch die beiden Lagen Klarsichtfolie verhindern Sie, dass der Teig beim Ausrollen auf der Arbeitsfläche oder dem Nudelholz festklebt.

Für 24 Stück

1 Eiweiß

60 g Schneekoppe Fruchtzucker

1 TL Zitronensaft

150–170 g gemahlene Mandeln

1/2 TL Zimtpulver

15–20 g gemahlene Mandeln zum Ausrollen

Zubereitungszeit 70 Minuten

❶ Eiweiß sehr steif schlagen. Fruchtzucker einrieseln lassen und weiterschlagen. Den Zitronensaft zugeben und einige Minuten weiterschlagen, bis der Eischnee dick ist und glänzt.

❷ Für die Glasur 20 Gramm Eischnee abnehmen und beiseite stellen. Mandeln und Zimt zum Eischnee geben und mit einem Teigschaber unterheben.

❸ Ein Backblech mit Backpapier auslegen. Den Backofen auf 150 °C (Umluft 125 °C, Gas Stufe 1–2) vorheizen. Den Teig zwischen zwei Lagen Klarsichtfolie, bestreut mit Mandeln, etwa 7 Millimeter dünn ausrollen und einige Minuten ins Gefrierfach legen. Etwa 6 Zentimeter große Sterne ausstechen und auf das Backblech setzen. Teigreste kurz verkneten und erneut zwischen Folie ausrollen.

❹ Die Sterne mit der Glasur bestreichen und im Backofen 25 bis 30 Minuten backen. Vom Blech heben und auf einem Kuchengitter abkühlen lassen.

► **Pro Stück**

238/57 kJ/kcal • 1 g Eiweiß
4 g Fett • 3 g Kohlenhydrate
1 g Ballaststoffe • 0,5 BE

Elisenlebkuchen

Für 40 Stück
Lebkuchenteig:
2 Eier
150 g Schneekoppe Fruchtzucker
300 g gemahlene Mandeln
40 g Dinkelmehl
2 Messerspitzen Backpulver
1 TL abgeriebene Schale von 1 unbehandelten Zitrone
1 TL Zimtpulver
je 1 Prise Nelkenpulver, Ingwerpulver und Kardamom
4–6 Tropfen Rumaroma
40 Oblaten (5 Zentimeter Durchmesser)
Glasur:
200 g Schneekoppe Vollmilch- oder Zartbitter-Schokolade
15 g Kokosfett

Zubereitungszeit 55 Minuten
Trockenzeit über Nacht

❶ Eier und Fruchtzucker schaumig schlagen. Mandeln, Mehl, Backpulver, Zitronenschale, alle Gewürze und das Rumaroma unterrühren.

❷ Zwei Backbleche mit Backpapier auslegen. Die Oblaten darauf verteilen. Den Teig in einen Spritzbeutel mit großer Lochtülle füllen und fingerdick auf die Oblaten spritzen. Über Nacht trocknen lassen.

❸ Am nächsten Tag den Backofen auf 175 °C (Umluft 150 °C, Gas Stufe 2) vorheizen. Die Lebkuchen etwa 15 Minuten backen. Eventuell zwischendurch mit Backpapier abdecken. Lebkuchen auf einem Kuchengitter vollständig abkühlen lassen.

❹ Für die Glasur Schokolade und Kokosfett in einer Schüssel im warmen Wasserbad langsam schmelzen. Lebkuchen damit bestreichen und die Glasur trocknen lassen.

► **Pro Stück**
414/99 kJ/kcal
2 g Eiweiß
6 g Fett
9 g Kohlenhydrate
1 g Ballaststoffe
1 BE

TIPP

Lebkuchen werden im Geschmack immer besser, je länger sie liegen und durchziehen können. Sie eignen sich also sehr gut dazu, im Voraus gebacken zu werden.

HERZHAFT & KERNIG

PFIFFERLINGQUICHE

Für 8 Stücke

Quark-Öl-Teig:

125 g Dinkelmehl
125 g Weizenmehl, 1 TL Backpulver
125 g Magerquark, 3–4 EL Milch
4 EL Schneekoppe Sonnenblumenöl
1/2 TL Schneekoppe Meersalz mit Jod und Fluor
1 Ei, Mehl für die Arbeitsfläche

Belag:

50 g Rucola, 250 g Pfifferlinge
250 g Champignons
1 rote Zwiebel
1 Knoblauchzehe
2 EL Schneekoppe Sonnenblumenöl
10 Basilikumblättchen
Schneekoppe Meersalz mit Jod und Fluor
frisch gemahlener Pfeffer, 4 Eier
200 g Schmand
50 ml fettarme Milch, Muskatnuss

Zubereitungszeit 110 Minuten

❶ Beide Mehlsorten, Backpulver, Quark, Milch, Öl, Meersalz und Ei verkneten. Teig auf wenig Mehl zu einem Kreis ausrollen.

❷ Den Boden einer Springform (28 Zentimeter Durchmesser) mit Backpapier auslegen. Teig hineinlegen, dabei einen Rand hoch ziehen.

❸ Rucola waschen, putzen und grob hacken. Pfifferlinge und Champignons putzen, den Sand entfernen und größere Pilze etwas klein schneiden. Zwiebel und Knoblauch abziehen und fein würfeln. Den Backofen auf 200 °C (Umluft 175 °C, Gas Stufe 3) vorheizen.

❹ Öl erhitzen und die Pilze darin etwa 5 Minuten anbraten. Zwiebel-Knoblauch-Mischung und Rucola darin kurz mitdünsten. Basilikumblättchen waschen, hacken und untermischen. Salzen und pfeffern.

❺ Eier, Schmand, Milch, Salz, Pfeffer und Muskatnuss verquirlen. Die Pilze auf dem Teig verteilen. Eierschmand darüber gießen. Im Backofen etwa 45 Minuten backen.

► **Pro Stück**
1492/357 kJ/kcal • 12 g Eiweiß
20 g Fett • 27 g Kohlenhydrate
2 g Ballaststoffe • 2,5 BE

Statt Pfifferlingen, die es nur eine kurze Zeit frisch gibt, können Sie außerhalb der Pilzsaison auch Austernpilze oder Shiitake-Pilze verwenden.

Grüne Frühlingsquiche

TIPP

Wer die Quiche weniger gehaltvoll haben möchte, ersetzt beim Teig die saure Sahne durch 5 bis 6 Esslöffel kaltes Wasser. Für die Füllung 400 Gramm grünen Spargel, 150 Gramm Zuckerschoten und 250 Gramm Kohlrabi oder anderes Gemüse Ihrer Wahl verwenden.

Für 8 Stücke

Mürbeteig:

- 225 g Dinkelmehl
- 80 g Butter oder Diätmargarine
- 1 EL Schneekoppe Distelöl
- 100 g saure Sahne (10 % Fett)
- 1 TL Schneekoppe Meersalz mit Jod und Fluor
- Mehl für die Arbeitsfläche
- Hülsenfrüchte zum Blindbacken

Füllung:

- 800 g grünes Frühlingsgemüse
- Schneekoppe Meersalz
- 4 Eier, 200 g Sahne
- 150 ml Milch
- je 1/2 Bund Kerbel und Petersilie
- einige Minzeblättchen
- Pfeffer, Muskatnuss
- 2 Stück Schneekoppe Zwieback, zerkrümelt
- 40 g frisch geriebener Gouda

Zubereitungszeit 175 Minuten

❶ Den Boden einer Springform (30 Zentimeter Durchmesser) mit Backpapier auslegen. Backofen auf 200 °C, (Umluft 175 °C, Gas Stufe 3) vorheizen. Mehl, Fett, Distelöl, saure Sahne und Salz verkneten. In Folie etwa 30 Minuten kalt stellen.

❷ Teig auf wenig Mehl ausrollen und in die Form legen. Mehrmals einstechen. Mit Backpapier und Hülsenfrüchten bedecken. Etwa 15 Minuten vorbacken. Papier und Hülsenfrüchte entfernen, 10 Minuten backen.

❸ Gemüse waschen, putzen und in Stücke schneiden. Nacheinander in Salzwasser blanchieren. In ein Sieb abgießen, kalt abspülen und abtropfen lassen. Eier, Sahne und Milch verquirlen. Kräuter waschen und hacken. Mit Eiermilch, Meersalz, Pfeffer und Muskatnuss verquirlen. Zuerst die Zwiebackkrümel, dann den Käse auf den Teigboden streuen. Das Gemüse darauf verteilen. Die Eiermilch darüber gießen. Die Quiche 45 Minuten backen.

► **Pro Stück**

1680/402 kJ/kcal • 11 g Eiweiß • 24 g Fett • 30 g Kohlenhydrate • 2 g Ballaststoffe
2,5 BE

SPINATKUCHEN

Für 4 Stücke
1,2 kg Spinat
Schneekoppe Meersalz mit Jod und Fluor
175 g feines Dinkelmehl
30 g Schweineschmalz
20 Basilikumblätter
150 g Parmesan
2 EL Schneekoppe Sonnenblumenöl
3 EL Olivenöl
2 TL frische oder getrocknete Rosmarinnadeln
frisch gemahlener Pfeffer
Mehl für die Arbeitsfläche
Schneekoppe Sonnenblumenöl für die Form
1 EL Milch zum Bestreichen
je 1 TL schwarze und weiße Sesamsamen zum Bestreuen

Zubereitungszeit 230 Minuten

❶ Spinat waschen, putzen und klein schneiden. Mit 3 Esslöffeln Salz vermischen und 2 Stunden ziehen lassen. Dinkelmehl, Schmalz, 1/2 Teelöffel Salz und 8 Esslöffel kaltes Wasser verkneten. In Folie wickeln und 20 Minuten ruhen lassen. Spinat mit kaltem Waser abspülen und ausdrücken. Basilikumblätter waschen und fein hacken. Parmesan fein reiben. Sonnenblumen- und Olivenöl, Basilikum, Rosmarin und Käse mit dem Spinat vermischen. Mit Pfeffer würzen.

❷ Eine Quicheform (26 Zentimeter Durchmesser) einölen. Backofen auf 175 °C (Umluft 150 °C, Gas Stufe 2) vorheizen. Den Teig in 2 Portionen teilen und jeweils auf der bemehlten Arbeitsfläche ausrollen. Einen Teigboden in die Form geben. Spinat darauf verteilen. Den zweiten Teigboden darauf legen.

❸ Die überlappenden Teigränder wellenförmig formen. Die Oberfläche mit Milch bestreichen und mit Sesamsamen bestreuen. Im Backofen 50 bis 60 Minuten backen. Den Kuchen heiß servieren.

► **Pro Stück**
2337/559 kJ/kcal • 26 g Eiweiß
31 g Fett • 36 g Kohlenhydrate
7 g Ballaststoffe
3 BE

Nach dem Kneten sollte der Teig elastisch sein, aber nicht kleben und bei Zimmertemperatur ruhen. Statt der Quicheform können Sie auch eine Springform mit dem gleichen Durchmesser verwenden.

Pizza Margherita

Statt zwei Pizzen können Sie auch eine große Pizza formen. Die Garzeit verlängert sich dann um etwa 5 Minuten. Wenn Sie zusätzlich noch 4 Sardellenfilets aus dem Glas, zerdrückten Knoblauch und einige schwarze Oliven auf dem Belag verteilen, erhalten Sie eine Pizza Napoli.

Für 2 Stück

Hefeteig:

200 g feines Weizenvollkornmehl
15 g frische Hefe
1 TL Schneekoppe Fruchtzucker
1 EL Schneekoppe Sonnenblumenöl
1/2 TL Schneekoppe Meersalz mit Jod und Fluor

Belag:

2–3 vollreife Tomaten
150 g Mozzarella
einige Basilikumblättchen
1 EL tiefgekühlte italienische Kräuter
Schneekoppe Meersalz mit Jod und Fluor
grober schwarzer Pfeffer
1 EL Olivenöl zum Beträufeln

Zubereitungszeit 100 Minuten

❶ Mehl in eine Schüssel geben. In die Mitte eine Mulde drücken und die Hefe hineinbröckeln. Fruchtzucker und 5 Esslöffel lauwarmes Wasser dazugeben und mit etwas Mehl vom Rand zu einem Vorteig verrühren. Abgedeckt etwa 15 Minuten gehen lassen. 6 Esslöffel lauwarmes Wasser, Sonnenblumenöl und Meersalz dazugeben und verkneten. Abgedeckt weitere 30 Minuten gehen lassen.

❷ Ein Backblech mit Backpapier auslegen. Den Backofen auf 225 °C (Umluft 200 °C, Gas Stufe 4) vorheizen. Teig nochmals durchkneten und halbieren. Je einen Fladen von 25 Zentimeter Durchmesser ausrollen. Teigfladen auf dem Blech etwa 10 Minuten gehen lassen.

❸ Tomaten waschen und in Scheiben schneiden. Mozzarella abtropfen lassen und in Scheiben schneiden. Beides auf dem Teig verteilen. Basilikum und Kräuter darauf geben, salzen und pfeffern. Mit Olivenöl beträufeln. Auf der untersten Schiene 15 bis 20 Minuten backen.

► **Pro Stück**

2914/697 kJ/kcal • 30 g Eiweiß
28 g Fett • 72 g Kohlenhydrate
14 g Ballaststoffe • 6 BE

WEISSKRAUTSTRUDEL

Für 3 Portionen
Strudelteig:
250 g feines Weizenvollkornmehl
Schneekoppe Meersalz mit Jod und Fluor
3 EL Schneekoppe Sonnenblumenöl
Füllung:
800 g Weißkohl, 1 Zwiebel
100 g magerer Speck
2 EL Schneekoppe Sonnenblumenöl
1 EL Kümmel, Pfeffer
1 Bund glatte Petersilie
1 TL edelsüßes Paprikapulver
Weizenvollkornmehl für die Arbeitsfläche
30 g Butter oder Diätmargarine zum Bestreichen

Zubereitungszeit 130 Minuten

❶ Mehl, 1/2 Teelöffel Meersalz, Öl und 100 Milliliter lauwarmes Wasser verkneten. In Folie wickeln und etwa 30 Minuten ruhen lassen.

❷ Vom Weißkohl die äußeren Blätter entfernen, Kohl achteln, den Strunk entfernen und den Kohl in feine Streifen schneiden. Zwiebel abziehen und würfeln. Speck würfeln, Öl erhitzen, Speckwürfel darin auslassen, Zwiebelwürfel darin glasig dünsten. Kohl und 1/2 Esslöffel Kümmel dazugeben. Zugedeckt 10 bis 15 Minuten dünsten.

❸ Petersilie waschen, hacken und zum Kohl geben. Mit Salz, Pfeffer und Paprikapulver würzen. Die Füllung abkühlen lassen. Ein Blech mit Backpapier auslegen. Den Backofen auf 200 °C (Umluft 175 °C, Gas Stufe 3) vorheizen.

❹ Den Teig auf wenig Mehl dünn ausrollen. Fett schmelzen und den Teig damit bestreichen. Den Kohl darauf verteilen. Den Teig an den Seiten über die Füllung schlagen und den Strudel aufrollen. Auf das Blech legen. Strudel mit restlichem Kümmel bestreuen und im Backofen etwa 40 Minuten backen.

► **Pro Stück**
2767/662 kJ/kcal • 22 g Eiweiß
32 g Fett • 64 g Kohlenhydrate
16 g Ballaststoffe • 5,5 BE

Für Diabetiker sind alle Gemüsesorten (außer Zuckermais) in normalen Portionen ohne Anrechnung erlaubt, denn Gemüse enthält sehr wenig blutzuckerwirksame Kohlenhydrate, dafür reichlich Ballaststoffe.

Kleine Fenchelfladen

TIPP

Wer Fencheltee in Teebeuteln vorrätig hat, braucht nicht extra Fenchelsaat zu kaufen, sondern kann den Inhalt eines Teebeutels verwenden.

Für 6 Stück

Hefeteig:

- **300 g feines Weizenvollkornmehl**
- **1/2 Würfel Hefe (21 g)**
- **1 TL Schneekoppe Fruchtzucker**
- **100 g feine Haferflocken**
- **1 EL Schneekoppe Sonnenblumenöl**
- **1 TL Schneekoppe Meersalz mit Jod und Fluor**

Belag:

- **600 g Fenchel, 200 ml Gemüsebrühe**
- **Schneekoppe Meersalz mit Jod und Fluor**
- **Pfeffer, 1 TL Fenchelsaat**
- **250 g vollreife Tomaten**
- **1 Knoblauchzehe**
- **125 g Crème fraîche**
- **Weizenvollkornmehl für die Arbeitsfläche**
- **150 g Fetakäse, zerkrümelt**
- **1 EL frische Thymianblättchen**

Zubereitungszeit 125 Minuten

❶ Mehl in eine Schüssel geben. In die Mitte eine Mulde drücken, die Hefe hineinbröckeln. Fruchtzucker und 5 Esslöffel lauwarmes Wasser dazugeben und mit etwas Mehl vom Rand zu einem Vorteig verrühren. Abgedeckt 20 Minuten gehen lassen. 250 Milliliter lauwarmes Wasser, Haferflocken, Öl und Salz dazugeben und verkneten. Abgedeckt 30 Minuten gehen lassen.

❷ Fenchel waschen, putzen, halbieren, den Strunk entfernen und die Hälften in Scheiben schneiden. Brühe erhitzen. Fenchel darin 5 Minuten dünsten. Abtropfen lassen, mit Salz, Pfeffer und Fenchelsaat würzen. Die Tomaten abziehen, halbieren, von den Kernen befreien und würfeln. Knoblauch durchpressen, mit der Crème fraîche und 1 Prise Salz verrühren.

❸ Ein Blech mit Backpapier auslegen. Den Backofen auf 225 °C (Umluft 200 °C, Gas Stufe 4) vorheizen. Sechs Fladen ausrollen, auf das Blech legen. Knoblauch-Creme darauf streichen. Fenchel, Tomaten, Schafskäse und Thymian darüber streuen. Auf der untersten Schiene 20 bis 25 Minuten backen.

► **Pro Stück**

1756/420 kJ/kcal • 16 g Eiweiß
16 g Fett • 47 g Kohlenhydrate
10 g Ballaststoffe • 4 BE

Die kleinen Fenchelfladen mit Schafskäse erinnern ein wenig an die türkische Küche (Seite 119).

Kräutercracker

Für die Kräutercracker können Sie alle Kräuter verwenden, die gerade Saison haben. Sehr gut schmecken die Cracker mit Petersilie und Basilikum oder Dill.

Für 30 Stück
200 g feines Weizenvollkornmehl
1 TL Backpulver
1/2 TL Schneekoppe Meersalz mit Jod und Fluor
4 EL Schneekoppe Sonnenblumenöl
1 EL Schneekoppe Leinsamen
2 EL fein gehackte Kräuter
Mehl für die Arbeitsfläche
2 EL Milch zum Bestreichen
40 g Parmesan
1 EL Schneekoppe Leinsamen
2 TL Kümmel (nach Belieben)

Zubereitungszeit 50 Minuten

1. Mehl, Backpulver und Meersalz in einer Schüssel mischen. Sonnenblumenöl, 8 Esslöffel kaltes Wasser, Leinsamen und Kräuter dazugeben. Zuerst mit den Knethaken des Handrührers verkneten, dann mit den Händen zu einem glatten Teig kneten.

2. Den Teig auf wenig Mehl 2 bis 3 Millimeter dick ausrollen und dünn mit Milch bestreichen.

3. Den Parmesan reiben. Die eine Teighälfte mit Parmesan bestreuen, die andere Hälfte mit Leinsamen und nach Belieben mit Kümmel.

4. Ein Backblech mit Backpapier auslegen. Den Backofen auf 200 °C (Umluft 175 °C, Gas Stufe 3) vorheizen.

5. Aus dem Teig mit einem Teigrädchen Rauten von etwa 4 Zentimeter Länge ausradeln. Cracker auf das Blech legen. Die Cracker im Backofen etwa 15 Minuten backen, bis sie goldbraun sind. Aus dem Ofen nehmen und auf einem Kuchengitter auskühlen lassen.

► **Pro Stück**
184/44 kJ/kcal • 1 g Eiweiß
2 g Fett • 4 g Kohlenhydrate
1 g Ballaststoffe • 0,5 BE

KNUSPER-KÄSESTANGEN

Für 36 Stück
je 60 g Emmentaler und Parmesan
100 g feines Weizenvollkornmehl
90 g saure Sahne (10% Fett)
60 g Butter oder Diätmargarine
1/2 TL Schneekoppe Meersalz mit Jod und Fluor
frisch gemahlener Pfeffer
Rosenpaprikapulver
2 EL Schneekoppe Leinsamen
1 Eigelb und 1 EL Milch zum Bestreichen

Zubereitungszeit 90 Minuten

1. Emmentaler und Parmesan fein reiben. Käse, Mehl, saure Sahne, weiches Fett und Gewürze mit den Händen rasch verkneten und etwa 30 Minuten kalt stellen.

2. Zwei Backbleche mit Backpapier auslegen. Den Backofen auf 200 °C (Umluft 175 °C, Gas Stufe 3) vorheizen.

3. Die Arbeitsfläche mit Leinsamen bestreuen. Den Teig darauf zu einem Rechteck von etwa 35 x 35 Zentimeter ausrollen. Die Teigplatte halbieren und jede Hälfte mit einem gezackten Teigrädchen in 18 Streifen schneiden.

4. Die Teigstreifen auf das Blech legen. Eigelb und Milch verrühren. Teigstreifen damit bestreichen und 15 bis 20 Minuten backen.

► **Pro Stück**
138/33 kJ/kcal • 1 g Eiweiß
3 g Fett • 0 g Kohlenhydrate
0 g Ballaststoffe • 0 BE

Bunte Panini-Laibe

Zum Backen der Panini-Laibe sollten Sie unbedingt eine feuerfeste Schale mit kaltem Wasser auf den Boden des Backofens stellen. Dann erst das Blech mit den Panini in den Ofen schieben.

Für 8 Stück

250 g Weizenmehl (Type 550)
150 g mittelfeiner Weizenschrot
2 EL Schneekoppe Weizenkleie
1 1/2 Würfel Hefe (63 g)
1 TL Schneekoppe Fruchtzucker
Schneekoppe Meersalz mit Jod und Fluor
1–2 Knoblauchzehen
2 rote Zwiebeln
2 EL Schneekoppe Distelöl
frisch gemahlener Pfeffer
50 g Rucola
1 EL frische oder 1 TL getrocknete Rosmarinnadeln
50 g entsteinte schwarze Oliven
40 g getrocknete Tomaten in Öl
Mehl für die Arbeitsfläche

Zubereitungszeit 145 Minuten

❶ Beide Mehlsorten und Weizenkleie in eine Schüssel geben. In die Mitte eine Vertiefung drücken und die Hefe hineinbröckeln. Fruchtzucker und 70 Milliliter lauwarmes Wasser dazugeben und mit etwas Mehl vom Rand zu einem Vorteig verrühren. Abgedeckt an einem warmen Ort etwa 15 Minuten gehen lassen.

❷ 1 Teelöffel Meersalz und 130 Milliliter lauwarmes Wasser dazugeben und verkneten. Abgedeckt etwa 1 Stunde gehen lassen. Ein Backblech mit Backpapier auslegen. Backofen auf 225 °C (Umluft 200 °C, Gas Stufe 4) vorheizen.

❸ Knoblauch und Zwiebeln abziehen, würfeln und im heißen Öl glasig dünsten. Salzen und pfeffern. Rucola waschen, putzen und mit den Rosmarinnadeln fein hacken und dazugeben. Oliven halbieren, Tomaten abtropfen lassen und hacken.

❹ Zwiebel-Rucola-Mischung, Oliven und Tomaten unterkneten. Den Teig zu einer Rolle formen und in 8 Portionen teilen. Jede Portion auf etwas Mehl zu einem länglichen Brötchen formen und etwas in sich verdrehen. Auf dem Blech etwa 20 Minuten gehen lassen. Im Backofen etwa 20 Minuten backen.

► **Pro Stück**
1066/255 kJ/kcal • 7 g Eiweiß
5 g Fett • 41 g Kohlenhydrate
5 g Ballaststoffe • 3,5 BE

Schmecken zur Vorspeise, zum Hauptgericht oder einfach schnell mal zwischendurch: Die bunten Panini-Laibe (Seite 123).

Bagels

Zum Bestreuen können Sie Körner oder Kerne Ihrer Wahl verwenden. Gut schmecken die Bagels mit Sesamsamen, Leinsamen, Sonnenblumenkernen, Kürbiskernen oder auch Mohn. Jede Teigkugel mit dem Zeigefinger in der Mitte durchdrücken, so dass ein etwa 3 Zentimeter großes Loch entsteht. So bekommen die Bagels ihr typisches Aussehen.

Für 18 Stück

100 ml fettarme Milch
30 g Butter oder Diätmargarine
2 TL Schneekoppe Fruchtzucker
Schneekoppe Meersalz mit Jod und Fluor
30 g frische Hefe
200 g feines Weizenvollkornmehl
200 g Weizenmehl
50 g Schneekoppe Ballaststoff-Müsli
20 g Schneekoppe geschroteter Leinsamen
1 Eiweiß
Mehl für die Arbeitsfläche
2 EL Milch zum Bestreichen
4–5 EL Körner zum Bestreuen

Zubereitungszeit 160 Minuten

❶ Milch, Fett in Flöckchen, Fruchtzucker und 1 Teelöffel Meersalz erhitzen, bis das Fett zerlaufen ist. 180 Milliliter kaltes Wasser dazugeben. Die Hefe in die lauwarme Milch bröckeln und darin auflösen.

❷ Die beiden Mehlsorten, Müsli und Leinsamen in eine Schüssel geben. In die Mitte eine Vertiefung drücken und die Hefe-Milch-Mischung hineingießen. Mit etwas Mehl vom Rand zu einem Vorteig rühren. Abgedeckt etwa 15 Minuten gehen lassen. Eiweiß dazugeben und alles verkneten. Weitere 30 bis 40 Minuten gehen lassen.

❸ Den Teig nochmals durchkneten und zu 18 Kugeln von etwa 50 Gramm formen. Jede Kugel in der Mitte durchdrücken. Die Ringe weitere 15 Minuten gehen lassen.

❹ Zwei Backbleche mit Backpapier auslegen. Den Backofen auf 200 °C (Umluft 175 °C, Gas Stufe 3) vorheizen.

❺ Reichlich Wasser mit 1 Esslöffel Meersalz aufkochen. Darin jeweils einige Teigringe etwa 2 Minuten ziehen lassen. Herausnehmen, auf die Bleche legen. Die Ringe mit Milch bestreichen, mit Körnern bestreuen und etwa 15 Minuten backen, abkühlen lassen.

► **Pro Stück**
493/118 kJ/kcal • 4 g Eiweiß
3 g Fett • 18 g Kohlenhydrate
2 g Ballaststoffe • 1,5 BE

DINKEL-GEWÜRZ-BRÖTCHEN

Für 12 Stück
500 g feines Dinkelmehl
1 Würfel Hefe (42 g)
2 TL Schneekoppe Süßer Frühstücksaufstrich
je 1 TL Fenchel- und Koriandersaat
125 ml Milch
3 EL Schneekoppe Distelöl
1 TL Schneekoppe Meersalz mit Jod und Fluor
2 EL Schneekoppe Weizenkleie für die Arbeitsfläche

Zubereitungszeit 120 Minuten

❶ Mehl in eine Schüssel geben. In die Mitte eine Mulde drücken und die Hefe hineinbröckeln. Süßen Frühstücksaufstrich und 125 Milliliter lauwarmes Wasser dazugeben und mit etwas Mehl vom Rand zu einem Vorteig verrühren. Abgedeckt 15 Minuten gehen lassen.

❷ Fenchel- und Koriandersaat im Mörser fein zerstoßen. Die Milch erwärmen. Lauwarme Milch, Öl, Fenchel- und Koriandersaat und Salz zum Vorteig geben und alles verkneten. Abgedeckt etwa 45 Minuten gehen lassen.

❸ Ein Backblech mit Backpapier auslegen. Den Backofen auf 200 °C (Umluft 175 °C, Gas Stufe 3) vorheizen.

❹ Den Teig auf der Weizenkleie kräftig durchkneten, in 12 gleich große Portionen teilen und daraus Brötchen formen. Auf dem Blech weitere 20 Minuten gehen lassen. Brötchen mit einem Messer über Kreuz einschneiden und mit Wasser besprühen. Im Backofen 20 bis 25 Minuten backen, dabei zwischendurch ein- bis zweimal mit Wasser besprühen. Herausnehmen und abkühlen lassen.

► **Pro Stück**
961/230 kJ/kcal
4 g Eiweiß
4 g Fett
41 g Kohlenhydrate
2 g Ballaststoffe
3,5 BE

Jede Art von Gebäck kühlt am besten auf einem Kuchengitter aus, da das Backwerk von allen Seiten gleichmäßig abkühlen kann.

Kleine Kräuter-Fladenbrote

Bei der Auswahl der Kräuter können Sie nach Belieben variieren. Verwenden Sie diejenigen Sorten, die Ihnen am besten schmecken und gerade Saison haben.

Für 8 Stück
- 250 g Weizenmehl
- 250 g Vollkorn-Weizengrieß
- 1 Würfel Hefe (42 g)
- 1 TL Schneekoppe Fruchtzucker
- 1 gehäufter TL Schneekoppe Meersalz mit Jod und Fluor
- 4 EL Schneekoppe Sonnenblumenöl
- Weizengrieß für die Arbeitsfläche

Zum Bestreuen:
- 1 EL grobes Meersalz
- 1/2 Bund gemischte Kräuter (Rosmarin, Oregano, Salbei, Thymian)
- 2 EL Pinienkerne

Zubereitungszeit 100 Minuten

❶ Mehl und Grieß in einer Schüssel mischen. In die Mitte eine Mulde drücken und die Hefe hineinbröckeln. Fruchtzucker und 5 Esslöffel lauwarmes Wasser dazugeben und mit etwas Mehl vom Rand zu einem Vorteig verrühren. Abgedeckt an einem warmen Ort etwa 30 Minuten gehen lassen.

❷ Etwa 200 Milliliter lauwarmes Wasser, Meersalz und 2 Esslöffel Sonnenblumenöl dazugeben und mit den Knethaken des Handrührers zu einem festen Teig verkneten. Abgedeckt weitere 30 Minuten bis zum doppelten Teigvolumen gehen lassen.

❸ Zwei Backbleche mit Backpapier auslegen. Den Backofen auf 225 °C (Umluft 200 °C, Gas Stufe 4) vorheizen. Die Kräuter waschen, trocknen und fein hacken.

❹ Den Teig mit den Händen kräftig durchkneten und in 8 Portionen teilen. Jedes Teigstück auf etwas Grieß zu kleinen Fladen von etwa 20 Zentimeter Durchmesser ausrollen und auf die Backbleche legen.

❺ Die Kräuter und Pinienkerne auf den Fladen verteilen, etwas grobes Salz darüber streuen und restliches Öl darüber träufeln. Die Fladen im Backofen etwa 10 Minuten backen, bis sie goldbraun und knusprig sind.

► **Pro Stück**
1225/293 kJ/kcal • 8 g Eiweiß
7 g Fett • 46 g Kohlenhydrate
4 g Ballaststoffe • 4 BE

So köstlich wie die einfachen traditionellen Pizzen in Italien schmecken diese kleinen Kräuterfladenbrote (Seite 127).

Gefüllte Hörnchen

Sie können die Hörnchen auch anstelle von Körnern und Samen mit magerem gekochtem Schinken, in Würfel geschnitten, und geraspeltem Käse füllen.

Für 8 Stück

- **200 g feines Weizenvollkornmehl**
- **200 g Weizenmehl**
- **1/2 Würfel Hefe (21 g)**
- **1 gehäufter TL Schneekoppe Meersalz mit Jod und Fluor**
- **Mehl für die Arbeitsfläche**
- **4–5 EL Milch zum Bestreichen**
- **je 2 EL Schneekoppe Leinsamen, Sonnenblumenkerne und geschälte Kürbiskerne**

Zubereitungszeit 150 Minuten

❶ Beide Mehlsorten in eine Schüssel geben. In die Mitte eine Mulde drücken und die Hefe hineinbröckeln. 50 Milliliter lauwarmes Wasser dazugeben und mit etwas Mehl vom Rand zu einem Vorteig verrühren. Abgedeckt etwa 15 Minuten gehen lassen.

❷ Salz und 200 Milliliter lauwarmes Wasser dazugeben und verkneten. Abgedeckt weitere 45 Minuten gehen lassen. Den Teig kräftig durchkneten und auf wenig Mehl zu einem Fladen von etwa 40 Zentimeter Durchmesser ausrollen. Den Fladen in acht Dreiecke schneiden.

❸ Jedes Dreieck an der breiten Seite noch etwas stärker ausrollen. Dreiecke mit 2 bis 3 Esslöffeln Milch bestreichen. Die Körner mischen und die Dreiecke damit bestreuen.

❹ Ein Backblech mit Backpapier auslegen. Den Backofen auf 225 °C (Umluft 200 °C, Gas Stufe 4) vorheizen. Die Dreiecke von der breiten Seite her aufrollen und auf das Blech legen. Weitere 30 Minuten gehen lassen. Eine feuerfeste Schale mit kaltem Wasser auf den Backofenboden stellen.

❺ Die Hörnchen im Backofen etwa 10 Minuten backen. Schale entfernen und den Backofen auf 200 °C (Umluft 175 °C, Gas Stufe 3) herunterschalten. Die Hörnchen weitere 10 bis 15 Minuten backen, herausnehmen und auskühlen lassen.

► **Pro Stück**
840/201 kJ/kcal • 7 g Eiweiß
3 g Fett • 34 g Kohlenhydrate
3 g Ballaststoffe • 3 BE

Haselnuss-Stangen

Für 12 Stück
200 g feines Weizenvollkornmehl
200 g Weizenmehl (Type 1050)
1 Würfel Hefe (42 g)
40 g Schneekoppe Diätsirup
75 g Haselnusskerne
100 g Schneekoppe Ballaststoff-Müsli
250 g fettarmer Naturjoghurt
1 Ei
1/2 TL Zimtpulver
1 TL Schneekoppe Meersalz mit Jod und Fluor
2 EL Milch zum Bestreichen

Zubereitungszeit 125 Minuten

❶ Beide Mehlsorten in eine Schüssel geben. In die Mitte eine Mulde drücken und die Hefe hineinbröckeln. 5 Esslöffel lauwarmes Wasser und Diätsirup dazugeben und mit etwas Mehl vom Rand zu einem Vorteig verrühren. Abgedeckt 15 Minuten gehen lassen.

❷ Haselnusskerne grob hacken, 1 Esslöffel davon beiseite stellen. Müsli, Haselnüsse, Joghurt, Ei, 90 Milliliter lauwarmes Wasser, Zimt und Meersalz zum Vorteig geben und verkneten. Abgedeckt 30 Minuten bis zum doppelten Teigvolumen gehen lassen.

❸ Ein Backblech mit Backpapier auslegen. Den Backofen auf 200 °C (Umluft 175 °C, Gas Stufe 3) vorheizen.

❹ Den Teig kräftig durchkneten und in zwölf Portionen teilen. Jedes Teigstück zu einem länglichen Brötchen formen und auf das Blech legen. Mit Milch bestreichen und mit den beiseite gestellten Haselnüssen bestreuen. Weitere 20 Minuten gehen lassen. Die Stangen im Ofen 20 bis 25 Minuten backen.

► **Pro Stück**
970/232 kJ/kcal • 8 g Eiweiß
7 g Fett • 30 g Kohlenhydrate
3 g Ballaststoffe • 2,5 BE

Wenn Sie die Brötchen frisch gebacken zum Frühstück essen wollen, verkneten Sie am Vorabend alle Zutaten zu einem glatten Hefeteig und stellen diesen über Nacht in den Kühlschrank. Am nächsten Morgen stellen Sie aus dem leicht gegangenen Teig die Stangen fertig, wie es im Rezept beschrieben ist.

Rustikale Nussbaguettes

Nüsse schmecken am besten, wenn sie erst unmittelbar vor der Verwendung zerkleinert werden. Achten Sie beim Kauf unbedingt auf das Haltbarkeitsdatum, denn Nüsse enthalten Fett, das leicht ranzig werden kann.

Für 4 Stück à 20 Scheiben

500 g feines Weizenvollkornmehl
100 g feines Roggenvollkornmehl
1 Würfel Hefe (42 g)
1 TL Schneekoppe Fruchtzucker
je 60 g Walnusskerne und Haselnusskerne
100 ml fettarme Milch
2 TL Schneekoppe Meersalz mit Jod und Fluor
4 EL Schneekoppe Sonnenblumenöl
1 EL Weizenvollkornmehl zum Bestäuben

Zubereitungszeit 160 Minuten

❶ Beide Mehlsorten in eine Schüssel geben. In die Mitte eine Mulde drücken und die Hefe hineinbröckeln. Fruchtzucker und 5 Esslöffel lauwarmes Wasser dazugeben und mit etwas Mehl vom Rand zu einem Vorteig verrühren. Abgedeckt an einem warmen Ort etwa 30 Minuten gehen lassen.

❷ Die Nüsse grob hacken. Nüsse, Milch, 200 Milliliter lauwarmes Wasser, Meersalz und Sonnenblumenöl zum Vorteig geben. Mit den Knethaken des Handrührers zu einem festen Teig verkneten. Aus dem Teig eine glatte Kugel formen.

❸ Die Kugel abgedeckt weitere 30 Minuten bis zum doppelten Teigvolumen gehen lassen.

❹ Ein Backblech mit Backpapier auslegen. Den Backofen auf 200 °C (Umluft 175 °C, Gas Stufe 3) vorheizen.

❺ Den Teig mit den Händen kräftig durchkneten und in vier Portionen teilen. Jedes Teigstück zu einem länglichen Baguettelaib formen und auf das Blech legen. Mehrmals schräg einschneiden und mit Wasser besprühen. Weitere 30 Minuten gehen lassen.

❻ Die Brote mit etwas Mehl bestäuben und im Backofen etwa 30 Minuten backen. Herausnehmen und auf einem Kuchengitter auskühlen lassen.

► **Pro Scheibe**
171/41 kJ/kcal • 1 g Eiweiß
1 g Fett • 5 g Kohlenhydrate
1 g Ballaststoffe • 0,5 BE

In Italien schon lange bekannt und bei uns auch immer beliebter ist das Einbacken von Nüssen ins Brot: Rustikales Nussbaguette (Seite 131).

Bauernbrot

Sie können den Teig auch in einem traditionellen, großen runden oder ovalen Brotkorb gehen lassen. Den Korb zuvor mit Mehl ausstäuben. Den Teig in den Brotkorb geben und 45 Minuten gehen lassen. Ein Backblech mit Backpapier auslegen. Den Teig auf das Blech stürzen und weitere 45 Minuten gehen lassen. Das Brot wie im Rezept beschrieben backen.

Für 30 Scheiben

250 g Roggenvollkornmehl
250 g mittelfeiner Roggenvollkornschrot
250 g Weizenvollkornmehl
1 Päckchen Trockenhefe
2 TL Schneekoppe Fruchtzucker
1 Päckchen flüssiger Sauerteig
2 TL Schneekoppe Meersalz mit Jod und Fluor
75 g Schneekoppe geschroteter Leinsamen
25 g Schneekoppe Weizenkleie
250 g Buttermilch

Zubereitungszeit 180 Minuten

❶ Roggenmehl und -schrot und Weizenmehl in eine Schüssel geben. In die Mitte eine Mulde drücken. Trockenhefe, 125 Milliliter lauwarmes Wasser und Fruchtzucker dazugeben und mit etwas Mehl vom Rand zu einem Vorteig verrühren. Abgedeckt etwa 15 Minuten gehen lassen.

❷ Sauerteig, Salz, Leinsamen, Weizenkleie, Buttermilch und 250 Milliliter lauwarmes Wasser dazugeben und verkneten. Der Teig soll noch etwas kleben, da das Getreide nachquillt. Abgedeckt weitere 45 Minuten gehen lassen. Ein Backblech mit Backpapier auslegen. Den Backofen auf 225 °c (Umluft 200 °C, Gas Stufe 4) vorheizen.

❸ Den Teig durchkneten, eventuell etwas Wasser oder Mehl unterkneten und zu einem ovalen Laib formen. Auf dem Blech weitere 45 Minuten gehen lassen. An der Oberseite mehrmals einschneiden.

❹ Eine feuerfeste Schale mit kaltem Wasser auf den Backofenboden stellen. Das Brot im Backofen 10 Minuten backen. Den Backofen auf 200 °C (Umluft 175 °C, Gas Stufe 3) herunterschalten und das Brot weitere 30 Minuten backen. Nach dem Backen mit Wasser besprühen und das Brot auskühlen lassen.

► **Pro Scheibe**
384/92 kJ/kcal • 4 g Eiweiß
1 g Fett • 15 g Kohlenhydrate
4 g Ballaststoffe • 1,5 BE

Mildes Quarkbrot

Für 16 Scheiben
400 g feines Weizenvollkornmehl
200 g mittelfeiner Weizenschrot
1 Würfel Hefe (42 g)
2 TL Schneekoppe süßer Frühstücksaufstrich
50 g Sonnenblumenkerne
500 g Magerquark
2 EL Schneekoppe Sonnenblumenöl
1 gehäufter TL Schneekoppe Meersalz mit Jod und Fluor

Zubereitungszeit 160 Minuten

❶ Mehl und Schrot in einer Schüssel mischen. In die Mitte eine Mulde drücken und die Hefe hineinbröckeln. Süßen Frühstücksaufstrich und 50 Milliliter lauwarmes Wasser dazugeben und mit etwas Mehl zu einem Vorteig verrühren. Abgedeckt etwa 15 Minuten gehen lassen.

❷ Sonnenblumenkerne, bis auf einen Esslöffel, Quark, Öl, Salz und 50 Milliliter lauwarmes Wasser dazugeben und verkneten. Abgedeckt weitere 45 Minuten gehen lassen.

❸ Ein Backblech mit Backpapier auslegen. Den Backofen auf 200 °C (Umluft 175 °C, Gas Stufe 3) vorheizen.

❹ Den Teig kräftig durchkneten, zu einer Kugel von etwa 20 Zentimeter Durchmesser formen und auf das Blech geben. Die Kugel etwas flach drücken und weitere 20 Minuten gehen lassen.

❺ Mit Wasser einsprühen und mit den restlichen Sonnenblumenkernen bestreuen. Im Backofen etwa 40 Minuten backen. Herausnehmen, rundherum mit Wasser einsprühen und auf einem Kuchengitter abkühlen lassen.

► **Pro Scheibe**
777/186 kJ/kcal • 9 g Eiweiß
4 g Fett • 26 g Kohlenhydrate
3 g Ballaststoffe • 2,5 BE

Hefe ist ein biologisches Triebmittel. Sie können zwischen Frisch- oder Trockenhefe wählen. Frische Hefe muss zuerst mit etwas Flüssigkeit zu einem Vorteig angerührt werden.

Kürbiskernbrot

Aufgrund der Zutatenkombination ist der Teig sehr zähflüssig und klebrig und lässt sich deshalb nicht mit den Händen kneten. Wer keine Dickmilch mag, kann sie durch fettarmen Naturjoghurt ersetzen.

Für 24 Scheiben

- **300 g feines Weizenvollkornmehl**
- **100 g feines Maismehl**
- **100 g Roggenvollkornmehl**
- **120 g geschälte Kürbiskerne**
- **40 g Schneekoppe Leinsamen**
- **1 Würfel Hefe (42 g)**
- **1 TL Schneekoppe Diät-Sirup**
- **250 g fettarme Dickmilch**
- **1 1/4 TL Schneekoppe Meersalz mit Jod und Fluor**
- **2 EL Schneekoppe Sonnenblumenöl**
- **Öl für die Form**

Zubereitungszeit 160 Minuten

❶ Alle drei Mehlsorten in einer Schüssel mit 100 Gramm Kürbiskernen und den Leinsamen mischen. In die Mitte eine Mulde drücken und die Hefe hineinbröckeln. 5 Esslöffel lauwarmes Wasser und Diätsirup dazugeben und mit etwas Mehl zu einem Vorteig verrühren. Abgedeckt an einem warmen Ort etwa 15 Minuten gehen lassen.

❷ Dickmilch, 140 Milliliter lauwarmes Wasser, Salz und Sonnenblumenöl dazugeben und verkneten. Den Teig abgedeckt weitere 30 Minuten bis zum doppelten Volumen gehen lassen. Eine Kastenform (30 Zentimeter Länge) einölen. Den Backofen auf 225 ° (Umluft 200 °C, Gas Stufe 4) vorheizen.

❸ Den Teig in die Form geben und glatt streichen. Restliche Kürbiskerne auf die Oberfläche streuen und das Brot mit Wasser besprühen. Den Teig in der Form weitere 30 Minuten gehen lassen.

❹ Eine feuerfeste Schale mit kaltem Wasser auf den Boden des Backofens stellen. Das Brot im Backofen 15 Minuten backen, dann den Backofen auf 200 °C (Umluft 175 °C, Gas Stufe 3) herunterschalten. Das Brot weitere 40 Minuten backen. Brot aus dem Ofen nehmen und erneut mit Wasser besprühen. Einige Minuten in der Form auskühlen lassen, auf ein Kuchengitter stürzen und auskühlen lassen.

Kürbiskernbrot ist in den Regalen unserer Brotläden mittlerweile zur Selbstverständlichkeit geworden – aber nichts geht über Selbstgebackenes (Seite 135).

► **Pro Scheibe**
510/122 kJ/kcal • 5 g Eiweiß
4 g Fett • 14 g Kohlenhydrate
3 g Ballaststoffe • 1,5 BE

Kleines Back-ABC

Lassen Sie sich von so genannten Lightprodukten nicht täuschen. Diese können, müssen aber nicht kalorienarm sein, da die Begriffe »light« und »leicht« nicht geschützt sind. Achten Sie deshalb bei Lightprodukten besonders auf die Nährwertangaben, dann erkennen Sie sofort, ob das Produkt für Sie geeignet ist oder nicht.

Agar-Agar

Es ist ein pflanzliches Geliermittel, das aus Algen gewonnen wird. Im Gegensatz zu ➜ Gelatine muss es aufgekocht werden, um seine Gelierfähigkeit zu entfalten. Für Cremes, die gestürzt werden müssen, ist Agar-Agar weniger geeignet, da es nicht so fest wird. In einigen Rezepten können Sie das pflanzliche Agar-Agar statt tierischer Gelatine verwenden. Beachten Sie dann die Herstellerangaben.

Backoblaten

Backoblaten sind so leicht, dass sie bei der Nährwertberechnung nicht brücksichtigt werden müssen. Sie werden hauptsächlich als »Unterlage« für Weihnachtsgebäck, v. a. für Lebkuchen, verwendet. Sie können sie in verschiedenen Größen kaufen.

Backofen-Temperaturtabelle in °C / Gas Stufe

Ober- und Unterhitze	*Umluft*	*Gas*
100	75	1/2–1
125	100	1
150	125	1–2
175	150	2
200	175	3
225	200	4

Die Temperaturen schwanken von Backofen zu Backofen bzw. von Hersteller zu Hersteller. Überprüfen Sie vorsichtshalber die Temperaturen Ihres Backofens, am besten mit einem Backofenthermometer.

Bourbon-Vanille

Gemahlene Bourbon-Vanille ist im Reformhaus erhältlich. Sie kann sparsam dosiert werden und ist ein praktischer Ersatz für das Mark aus den Vanilleschoten.

Butter

Zum Backen ist sie das feinste Fett. Wer auf Butter verzichten soll oder möchte, kann stattdessen auch ➜ Diätmargarine verwenden.

Diabetiker-Süße

Sie besteht zu 99 Prozent aus dem ➜ Zuckeraustauschstoff Sorbit und einem sehr kleinen Anteil Saccharin. Diabetiker-Süße ist koch- und backfähig und kann wie Haushaltszucker dosiert werden. Sie ist für Diabetiker besonders gut geeignet, da sie langsamer resorbiert wird als gewöhnlicher Zucker.

Diätmargarine

Die Margarine ist beim Backen eine Alternative zu Butter. Im Reformhaus ist ungehärtete Diätmargarine erhältlich, die, wie es der Name schon sagt, keinem Härtungsverfahren unterzogen wird. Sie ist reich an den gesunden mehrfach ungesättigten Fettsäuren. Ungehärtete Diätmargarine sollten Sie immer den gehärteten Margarinearten vorziehen.

Eier

In sämtlichen Rezepten wurden Eier der Klasse M verwendet. Achten Sie bei roh geschlagenen und ungebackenen Cremes und Füllungen, denen als Lockerungsmittel Eischnee untergezogen wird, unbedingt darauf, dass Sie absolut frische und gekühlte Eier verwenden. Bewahren Sie Cremes und Füllungen nach Möglichkeit gut gekühlt auf. Dies verringert das Salmonellenrisiko.

Einschubhöhen

Halten Sie sich an folgende Empfehlungen:

- Gebäcke, die eine starke Unterhitze benötigen, schieben Sie auf der untersten Schiene oder der zweiten von unten ein. Hierzu gehören Brot, Pizzen und (seltener) auch Kuchen, die hoch aufgehen sollen.
- Am häufigsten werden Sie die mittlere Schiene benutzen, nämlich bei den meisten Kuchen und flachen Gebäcken vom Blech, wie z. B. Kleingebäck und Plätzchen.
- Die obere Schiene benötigen Sie nur selten, etwa wenn ein Gericht oder Gebäck überbacken wird, z. B. ein Kuchen mit Baiserhaube.

Flüssige Süßkraft

Sie besteht aus einer Kombination von drei Süßstoffen (Cyclamat, Acesulfam K und Saccharin) und Fruchtzucker. Süßkraft muss nicht auf die BE angerechnet werden, da sie praktisch kalorien- und kohlenhydratfrei ist. Aufgrund der hohen Süßkraft kann sie sehr sparsam dosiert werden.

Fruchtzucker

Fruchtzucker kann anstelle von Haushaltszucker verwendet werden. Aufgrund des Kohlenhydrat- und Kaloriengehaltes muss er in der Diabetesdiät berechnet werden. Fruchtzucker hat einen Brennwert von 400 kcal/100 g Fruchtzucker; 12 Gramm Fruchtzucker entsprechen 1 BE.
Pro Mahlzeit sollte die Aufnahme 25 Gramm und auf den Tag verteilt 60 Gramm nicht übersteigen, da Fruchtzucker sonst Verdauungsbeschwerden hervorrufen kann.
Im Vergleich zu Haushaltszucker besitzt er eine höhere Süßkraft, so dass er sparsamer verwendet werden kann, wodurch Kohlenhydrate und Kalorien eingespart werden können. Mit Fruchtzucker zubereitetes Gebäck bräunt schneller, da

Nutzen Sie die vielen Schulungsangebote für Diabetiker. Das hat Vorteile, denn Sie bekommen nicht nur nützliche Informationen, sondern auch Kontakt zu anderen Diabetikern, und lernen mit Ihrer Krankheit zu leben. Sie werden erfahren, wie Sie die Einstellung Ihrer Blutzuckerwerte optimieren können.

Sorgen Sie dafür, dass Ihr Körper genügend Selen bekommt. Selen ist reichlich in Getreide, insbesondere in Hafer und in Hülsenfrüchten enthalten.

dieser Zucker einen niedrigeren Schmelzpunkt als Haushaltszucker hat. Deshalb wird in vielen Rezepten geraten, das Gebäck während der Backzeit mit Backpapier abzudecken, so dass eine zu starke Bräunung des Gebäcks verhindert wird. Fruchtzucker ist stark wasseranziehend, so dass manche Gebäckarten, v. a. Eiweißgebäcke (Makronen und Baiser) nach dem Backen schnell wieder weich werden. Deshalb sollten Sie diese Gebäcke nur in kleinen Mengen herstellen und möglichst bald nach dem Backen verzehren.

Gelatine

Gelatine ist ein Bindemittel, das durch Denaturierung des Eiweißstoffs Collagen, dem wesentlichen Bestandteil des tierischen Bindegewebes, hergestellt wird. Sie wird überwiegend in Form von Blattgelatine verwendet, es gibt aber auch gemahlene Gelatine.
Wer auf Gelatine verzichten will, kann in einigen Rezepten als Bindemittel ➔ Agar-Agar oder ➔ Johannisbrotkernmehl verwenden.

Gewürze

Manche Gewürze, wie z.B. Muskatblüte, sind im Supermarkt gar nicht oder nur vereinzelt erhältlich. Sie finden diese ungewöhnlichen Gewürze im Naturkostladen oder im Reformhaus.

Johannisbrotkernmehl

Es ist ein pflanzliches Bindemittel, das aus den Samen des Johannisbrotbaums gewonnen wird. Es ist geschmacksneutral, glutenfrei, wird sehr sparsam verwendet und eignet sich auch zum Andicken von süßen Speisen, die erhitzt werden. Johannisbrotkernmehl wird immer zuerst in kalter Flüssigkeit aufgelöst und dann in die kochende Flüssigkeit eingerührt. Sie erhalten es im Reformhaus oder im Naturkostladen.

Kokosfett

Kokosfett ist als gehärtetes Plattenfett im Handel. Es hat einen hohen Anteil an gesättigten Fettsäuren, die gerade für Diabetiker weniger geeignet sind. Daher wird Kokosfett in den Rezepten nur in geringen Mengen verwendet, um Schokolade flüssiger zu machen und einen schönen Glanz zu erzielen.

Leinsamen

Leinsamen enthalten wertvolle Quell- und Ballaststoffe, die für eine ballaststoffreiche und cholesterinbewusste Ernährung wichtig sind. Leinsamen ist als ganzes Korn oder geschrotet im Handel erhältlich.

Meersalz

Dieses Salz enthält mehr Mineralstoffe als das gewöhnliche Kochsalz – insbesondere Jod – und sollte deshalb den Vorzug haben.

Saccharose (»Haushaltszucker«)
Sie bewirkt einen schnellen Blutzuckeranstieg und ist für Diabetiker ungeeignet. Essen Sie davon lediglich kleine Mengen und über den Tag verteilt; das strikte Zuckerverbot früherer Jahre ist nach neueren Erkenntnissen überholt. Die Obergrenze liegt nach der Empfehlung der Deutschen Gesellschaft für Ernährung (DGE) bei 50 g/Tag. Sie müssen auf Kohlenhydrate und Kalorien angerechnet werden.

Sauerteig
Er ist ein Backtriebmittel, das v. a. für Gebäck aus Roggen oder Teigmischungen aus Roggen und anderen Getreidearten verwendet wird. Flüssigen Natursauerteig in 150-g-Päckchen und Sauerteig-Extrakt in 30-g-Päckchen erhalten Sie im gut sortierten Supermarkt, im Reformhaus oder im Naturkostladen.

Spirituosen
Sie sind reich an Kalorien und Kohlenhydraten, die den Blutzuckerspiegel rasant in die Höhe treiben. Zur Geschmacksabrundung können Sie nach Wunsch 1 bis 2 Esslöffel Spirituosen, wie z. B. Rum oder Mandellikör, hinzufügen.

Trockenfrüchte
Trockenfrüchte dürfen in kleinen Mengen auch von Diabetikern verzehrt werden. Ihr hoher Kohlenhydratanteil (und natürlich auch ihr Kaloriengehalt) muss jedoch bei der Berechnung berücksichtigt werden. Je nach Sorte entsprechen 20 bis 25 Gramm Trockenfrüchte 1 BE (Ausnahme: 15 Gramm getrocknete Bananen entsprechen 1 BE).

Weizenkleie
Sie wird aus den unverdaulichen Randschichten des Weizenkorns gewonnen und ist ein gesunder Ballaststoff.

Zitronen- und Orangenschale
Für Gebäcke und Cremes, die mit geriebener Zitronen- oder Orangenschale gewürzt werden, sollten Sie ausschließlich auf unbehandelte Früchte, am besten aus ökologischem Anbau, zurückgreifen. Die Zitrusfrüchte werden vor dem Reiben heiß abgespült, um Wachsreste zu entfernen. Achten Sie darauf, dass Sie die weiße Innenhaut nicht mitreiben, denn sie schmeckt ziemlich bitter.

Zuckeraustauschstoffe
Aufgrund ihrer chemischen Struktur werden sie vom Körper langsamer resorbiert als ➜ Saccharose und sind für Diabetiker geeignet. Gängige Zuckeraustauschstoffe, zu denen auch der ➜ Fruchtzucker zählt, sind Sorbit, Xylit, Isomalt, Mannit, Maltit und Lactit.

Weizenkleie ist reich an wertvollen Ballaststoffen, die einen positiven Einfluss auf den Blutzuckerspiegel haben. Kleie kann beim Backen verwendet oder dem Müsli untergemischt werden.

Rezeptregister von A–Z

Sachregister

Rezeptregister nach Kapiteln

Schnell & einfach

Klassisch & beliebt

Frisch & fruchtig

Hauptsache Schokolade

Fein & festlich

Für Advent & Weihnachten

Herzhaft & kernig

Die Autorin
Anne-Katrin Weber ist Diplom-Ökotrophologin und arbeitet freiberuflich als Foodstylistin und Ernährungswissenschaftlerin in Hamburg. Schon während ihrer Ausbildung zur Köchin widmete sie sich auch begeistert den »süßen Sachen« der Küche. Diese Vorliebe hat sie anschließend u. a. in der Pâtisserie eines Berliner Sternerestaurants vertieft. Auf die Erfahrungen in der Praxis folgten das Studium der Ernährungswissenschaften und eine Redaktionsassistenz im Kochressort der Zeitschrift »Brigitte«. Neben ernährungswissenschaftlichen Themen liegen ihre Schwerpunkte bei Food-Fotoproduktionen und Rezeptentwicklung für Redaktionen und Werbung.

Der Fotograf
Aufgewachsen auf dem flachen Land in Schleswig-Holstein lebt der Fotograf Michael Holz seit 15 Jahren in Hamburg. In seinem Studio auf St. Pauli arbeitet er heute für viele Verlage und Werbeagenturen. Hier realisiert er am liebsten Projekte, bei denen er seine Erfahrungen aus der intensiven Arbeit in den unterschiedlichsten Gebieten der Fotografie kombinieren kann – von Landschaftsfotografie über Stills bis zur Foodfotografie, von Beauty und People bis zu Arbeiten für die Musikbranche. Aktuelle Arbeiten sind unter www.zauberhaus.com zu sehen.

Hinweis
Das vorliegende Buch ist sorgfältig erarbeitet worden. Dennoch erfolgen alle Angaben ohne Gewähr. Weder Autorin noch Verlag können für eventuelle Nachteile oder Schäden, die aus dem Buch resultieren, Haftung übernehmen.

Bildnachweis
Fotos Innenteil: Michael Holz, Hamburg
Foodstyling Innenteil: Maik Schacht, Hamburg
Titelbild: Karl Newedel, München
Freisteller: Südwest Verlag, München

Impressum

Herausgeber: Schneekoppe GmbH & Co., Seevetal
Lektorat: Maryna Zimdars
Projektleitung: Susanne Kirstein
Bildredaktion: Sabine Kestler
Fotografie: Michael Holz
Produktion: Manfred Metzger (Leitung), Annette Aatz, Dr. Erika Weigele-Ismael
Layout und Umschlaggestaltung: Manuela Hutschenreiter
DTP/Satz: Andreas Rimmelspacher

Printed in Italy
Gedruckt auf chlor- und säurearmem Papier

ISBN 3-517-06061-5